华语圈留学生的韩国文化适应记

[著者]

신주철
前浦项工科大学教授, 现任韩国外国语大学韩国语教育系教授

유혜선
韩国外国语大学博士课程结业, 韩国国民大学讲师

최세훈
伦敦大学 (UCL) 毕业, 延世大学博士课程结业, 国立台湾师范大学讲师

이오암
中国政法大学毕业, 韩国外国语大学博士课程结业, 培花女子大学讲师

邵薇
大连外国语大学毕业, 韩国学中央研究院博士课程结业

[翻译]

卢正爱
曲阜师范大学韩语系 副教授

蔡琪琦
曲阜师范大学 翻译学院 研究生

华语圈留学生的韩国文化适应记
중화권 유학생의 한국문화 적응기

第一版印刷　　2019年 9月 24日
第一版发行　　2019年 9月 30日

著　　者　　신주철・유혜선・최세훈・이오암・邵薇
译　　著　　卢正爱, 蔡琪琦
出 版 人　　박찬익

出 版 社　　(주)박이정
地　　址　　서울시 동대문구 천호대로 16가길 4
电　　话　　(02)922-1192~3
传　　真　　(02)928-4683
网　　址　　www.pjbook.com
邮　　箱　　pijbook@naver.com
注　　册　　2014年 8月 22日 第305-2014-000028号

I S B N　　979-11-5848-519-1 13710
* 书价在背面

华语圈留学生的

韩国文化适应记

신주철, 유혜선, 최세훈, 이오암, 邵薇 著者

卢正爱·蔡琪琦 翻译

중화권 유학생의 한국문화 적응기

(주)박이정

Pagijong Press, Inc.

前言

　　在韩国的大学或研究生院学习的华语圈留学生日益增加。笔者认为，这些学生需要一本实用性书籍，帮助他们更好地适应韩国的大学文化，于是撰写此书。这本书面对刚来韩国留学或正在考虑来韩国留学的华语圈学习者而编写的，经过严格筛选，主要介绍了学生需要了解的内容。其特点如下：

　　精选了许多词汇和句型（韩国语能力考试三级以上者，即使没有老师的指导，也可以自主学习。）每个单元的词汇和语法都配有中文翻译，更加方便学习者学习。书中的中国留学生和韩国人的情景对话，旨在提高学习者的口语表达能力。尤其当两国之间存在相似的文化现象时，本书通过对比学习可以加深学生对韩国文化的理解。

　　通过本著作，留学生可以提前了解韩国的大学文化，掌握韩国大学的基本生活常识，为更好地完成学业打下良好的基础。能够学到如何与韩国同学处理好人际关系、掌握校外生活的居住信息，以及发生紧急情况时怎样寻求帮助等。能够在韩国生活中减少文化冲突，避免产生不必要的误会并度过快乐的留学生活。

为了能够给华语圈韩语学习者提供专业的文化书籍，本书经过多次讨论编纂而成。希望本著作能够给即将来韩国留学并想要提前感受韩国生活的留学预备生、为了进入韩国的大学或研究生院学习而在语学堂学习的学生、刚来留学的华语圈留学生们提供帮助，让留学生度过快乐的留学生活。

2016年 7月

申株哲 (谨代表全体作者)

目录

例言

1. 本著作共分为16课。每一课分别由《题目》、《学习目标》、《对话1》、《对话2》、《阅读》、《活动》、《拓展延伸》组成。

2. 阅读部分根据中国留学生的经验编纂而成，为了使学习者更加容易理解韩国文化。《对话1》和《对话2》及《阅读》后面提供词汇和表达并附带中文翻译，方便学习者自主独立学习。《拓展延伸》提供与每一单元相关的拓展知识，加深学习者对每一课主题的理解。

3. 每一课对话中涉及五个人物。
   - 敏浩：韩国男学生，对中国文化感兴趣的毕业班学生。经常和孝丽，陈伟打交道，充当他们的心理咨询师。
   - 孝丽：中国女学生，虽然取得高级韩国语能力水平，但是因为刚来韩国不久，对韩国文化了解不深。
   - 陈伟：中国男学生，取得中级韩国语能力水平，沟通交流没问题，但是不理解韩国文化，所以有时会与周围的人产生误会。
   - 秀智：韩国大学三年级女学生。
   - 魏晨：中国男学生，来韩国的语言交换生。

4. 所涉及的人物是随机设定的，所以每一课都不同。

02 한국 음식을 먹으러 갈까요?

학습목표

- 한국인의 기본 밥상과 한국인이 선호하는 음식에 대해 안다.
- 한국인의 매운 음식 성향에 대해 경험한다.

대화 1 수업을 마친 후

누간이 경복궁 갈래?

어플리케이션을 다운로드 해 봅시다.

1 통신사 고객센터

각 통신사의 고객센터 앱(APP)을 다운로드 받아 두면 핸드폰 사용량과 현재까지 사용한 요금을 실시간으로 검색할 수 있다. 또한 자신에게 맞는 요금제로 변경할 수도 있고 편의점, 극장, 제휴상점에서 할인 혜택을 받는 다양한 멥버십(membership) 혜택까지 누릴 수 있다.

📱 KT 통신사: 올레 고객센터 앱
APP STORE에서 "올레 고객센터" 앱을 다운로드 해 보자

2 국제전화 어플

📱 "OTO 글로벌"과 같은 앱을 받으면, 국제전화를 한국내 요금으로 계산된다.

한국 → 중국 부료   중국 →

유선 무료 무선 부료
(쿠폰통화분무 소진 시 국제통화로 적용)

01 如何选课？

学习目标

- 了解韩国大学选课。
- 了解课程计划。

敏浩：陈伟, 今天的入学教育怎么样?

陈伟：有点难, 有许多内容不明白。

孝丽：敏浩哥哥, 因为陈伟对韩国语还不熟悉所以才这样。

敏浩：陈伟, 今天的内容中最重要的是选课。如果没有选好课的话这一个学期都会很辛苦。

陈伟：我不知道应该先做什么。

孝丽：所以平时应该努力学习韩国语啊!

敏浩：仔细教的话陈伟马上就能学会。我们先看看选课便览吧?

孝丽：嗯? 选课便览? 我不知道这个。

陈伟：什么? 姐姐竟然也不知道!

敏浩：请你们安静一下, 那么就一起从容易的事情开始吧!

陈伟、孝丽：好的, 前辈。

敏浩: 首先找准学校网址的链接是重要的。为此应该把学校选课的网址添加到收藏夹。看那里, 红色箭头旁边的圆圈就是收藏夹。点击并保存学校选课网址, 以后就可以一次性进入到这个网址。

敏浩: 那么以后在选课时间之前, 就可以看到每个系开设什么课程并提前编好课程计划表。想要申请人气高的课程的人也很多, 所以不要只做一个方案, 要制定两三个方案。

陈伟: 等待选课的人那么多吗?

敏浩: 当然了! 最好提前查看每个课程的教学大纲和院系网站的资料室。在资料室中有前辈们的资料和向院系提交的资料格式等各种信息。

敏浩: 制定选课时间表时要注意观察学分。根据不同的课程可以分为1学分, 2学分, 3学分等。并且要一定要区分公共选修课和必修科目。

陈伟：回到宿舍就仔细学习。敏浩哥，和我一起走吧。

敏浩：那个，我有约了。

新词汇和表达

- 오리엔테이션(orientation): 入学教育
- 서투르다:【形】不熟练
- 수강신청:【动】选课
- 차근차근:【副】仔细地
- 수강 편람: 选课便览
- 선배: 前辈，师兄，师姐
- 홈페이지(homepage): 主页，网页

- 즐겨찾기: 收藏夹
- 개설되다:【动】开办，开设
- 수업계획표: 课程计划表
- 대안: (备选)方案
- 강의개요: 教学大纲
- 자료실: 资料室
- 살펴보다:【动】查看，观察

- 서식: 格式，样式
- 학점: 学分
- 교양과목: 教养科目
- 필수과목: 必修科目

　　我是孝丽。在韩国的大学生活了两年。留学生活开始的第一个学期非常累, 最累的是选课。在大学生活中选课可以决定一个学期的命运。所以想要告诉大家几个有用的小窍门。

　　第一, 应该知道一个学期需要修多少学分。根据不同的课程, 分为1学分, 2~3学分, 如果计算错误导致学分不够, 以后可能需要重修。第二, 应该区分想听的自选课程与规定的必选课程。如果只选择自己想听的课程的话可能会漏掉或没选必选课程。第三, 应该向前辈寻求建议了解人气高的课程有哪些。如果不快速申请人气高的课程的话, 可能很快就没有名额, 所以应该最先申请。最后, 选课最好在学校计算机房或者学校里面。因为校内网优先登录学校网站。明白了吗? 那么好好选课并快乐学习吧!

新词汇和表达

- 운명을 결정하다: 决定命运
- 유용하다:【形】有用
- 팁(tip): 小窍门
- 모자라다:【动】不足, 不够
- 최우선: 首要, 最先
- 인터넷에 접속되다: 连接网络

1 把学校网站添加到收藏夹

2 有想要听的课程和不想听的课程吗? 如果有的话请说一下原因。

3 制作模拟课程计划表

	星期一	星期二	星期三	星期四	星期五
1					
2					
3					
4					
5					

选公共选修课

　　公共选修课指专业以外的科目。例如从不同领域开设《现代社会的运动》、《韩国文化的理解》、《读书和讨论》等课程。虽然不能深入学习专业知识，但是可以拓宽知识，丰富社会生活，任何专业都可以申请。公共选修课根据不同的年级，在选课期间选择了专业课程之后，在剩下的学分范围内选择一到两个课程，最多可以选择三个课程。每个学校的官网都会提供选课的视频教程，可以去找来学习。最好向前辈咨询了解适合自己的公共选修课。即使是同样的公共选修课，也会根据教授的不同成为完全不同的科目，所以也要了解教授是如何授课的。

02 去吃韩国料理吧？

学习目标

· 了解韩国人的餐桌饭桌和喜欢的饮食。
· 体验韩国人的辛辣饮食倾向。

陈伟：前辈, 来吃午饭吗?

敏浩：嗯, 你也是吗? 一起吃吧, 为了庆祝开学我请客。

陈伟：真的吗? 烤肉套餐看起来很好吃呢! 带有汤和各种小菜, 营养丰富。

敏浩：家常套餐是饭, 汤, 小菜一起吃, 经常出现在韩国人的饭桌上。家常套餐的菜单构成不是选择自己想吃的东西, 而是营养师为了营养而制定的, 所以对健康也有好处。

陈伟：这样啊。我也要在学生食堂多吃家常套餐。

敏浩：韩国人认为民以食为天, 药补不如食补, 好好吃饭非常重要。既然话都说出来了, 今天我也要吃家常套餐。

对话2 | 开学聚会

孝丽： 陈伟，在这里。迟到了，快点来，大家都到了。

陈伟： 对不起，前辈，我因为是新生所以对学校还不熟悉。可是我们来这里做什么呢？

孝丽： 正式上课之前会开一个前后辈和同届生与新生一起玩的开学聚会。现在要去五花肉店，五花肉作为猪肉，是韩国人去外边吃饭或聚餐的时候经常吃的食物。

陈伟： 好像中国的烤五花肉啊。

孝丽： 对，但是与中国人吃五花肉的方法不太一样。在韩国主要是把肉与大酱、大蒜等一起放入生菜里包成饭团吃。

陈伟： 把五花肉包起来吃吗？

孝丽： 嗯, 吃一次试试吧。不知道有多么好吃, 甚至好吃到两人一起吃饭, 一个死了都不知道。更神奇的是烤五花肉要用剪刀适当地剪开吃。

陈伟： 前辈, 我想快点吃。也想快点看到剪肉的剪刀, 哈哈。

新词汇和表达

- 백반: 家常套餐
- 반찬: 菜肴, 副食
- 다양하다: 【形】各种各样
- 영양: 营养
  ～이 풍부하다: 营养丰富
- 곁들이다: 【动】拼配
- 밥상: 饭桌
- 메뉴(menu): 菜单
- 구성: 构成, 组成
- 영양사: 营养师

- 고려하다: 【动】考虑, 顾虑
- 건강: 健康
- 밥심: 民以食为天
- 밥이 보약이다: 药补不如食补
- 말이 나온 김에: 既然话都说出来了
- 개강 파티: 开学聚会
- 신입생: 新生
- 낯설다: 【形】陌生
- 본격적: 正式
- 후배: 后辈

- 동기: 同年进入学校或公司
- 외식: 到外边吃饭, 下馆子
- 회식하다: 【动】会餐
- 쌈: (用生菜, 白菜等包的)饭团
- 싸다: 【动】包
- 둘이 먹다가 하나가 죽어도 모르다:
  食物非常好吃, 以致于两人一起吃
  饭, 一个死了都不知道。
- 적당히: 【副】适当地

　　一说起韩国食物的话大家会想到什么? 我在开学的时候与韩国朋友一起吃了辣炖鸡块。我本来就喜欢鸡肉, 所以想吃辣炖鸡块。我以为辣炖鸡块是将鸡肉炒过后做的汤菜。

　　但是第一次看到辣炖鸡块就有点吃惊。在红色的肉汤里放入鸡肉和各种蔬菜一起煮。虽然看到肉汤的颜色就知道很辣, 但是对我来说真的非常辣。但是不管是和我一起去的朋友还是坐在旁边的韩国人, 都一边流汗一边大口吃辣炖鸡块。这时候能够感受到韩国人对辛辣食物的热爱。

　　前几天看到了辣味烤鸡和辣炒年糕这样的辛辣食物的广告, 用红色辣椒标示辣味的程度, 也可以根据口味调节辣味。韩国朋友说韩国人有压力的时候会根据压力的程度提高辣味。因为韩国人吃辛辣食物的时候会流汗, 可以释放压力。

　　当中国人有压力的时候, 虽然有的人也会吃辛辣食物, 但是比起像韩国人一样寻找辛辣食物, 更喜欢寻找自己喜欢的食物。各位来韩国遇到学习不顺利、和朋友吵架, 或丢失宝贵的东西等事情并且不能好好解决, 导致心情不好的话, 请吃辛辣食物, 压力就会一下子不翼而飞。

新词汇和表达

- 워낙: 【副】原本, 非常
- 탕: 汤
- 육수: 肉汤
- 채소: 蔬菜
- 그러고 보니: 这样看来

- 불닭: 辣味烤鸡
- 강도: 强度
- 표시하다: 【动】标示
- 취향: 口味, 爱好
- 조절하다: 【动】调节

- 스트레스: 压力
  - ～가 쌓이다: 积累压力
  - ～가 해소되다: 释放压力
  - ～가 한방에 날아가다:
    压力一下子无翼而飞了

- 기분: 心情, 情绪
  - ～이 들다: 有～的心情
  - ～을 느끼다: 感受到～的心情

想邀请朋友来家里做客, 制作杂菜怎么样?

【例如】

说明:
杂菜是很费功夫的食物。但作为招待客人的食物是值得推荐的。

名字: 杂菜

材料: 胡萝卜，粉条，蘑菇，洋葱，牛肉，彩椒，香油，芝麻

制作方法:
1. **材料准备**: 清洗胡萝卜、蘑菇、洋葱、彩椒，将粉条泡开一小时后冲洗干净。
2. **材料切丝**: 将胡萝卜、蘑菇、洋葱、彩椒切成薄丝，将牛肉切丝。
3. **制作调料**: 将切丝的牛肉放入调料腌制，泡开后冲洗，在煮熟的粉条上加入调料。
4. **炒熟材料**: 在平底锅里放入食用油，炒蔬菜、牛肉和粉条。
5. **搅拌材料**: 在粉条中放入炒熟的蔬菜、牛肉、香油进行搅拌。
6. **撒入芝麻**: 将芝麻撒入完成的杂菜中。

在中国招待客人的时候有什么食物? 请介绍一下。

说明:	名字:
	材料:
	制作方法:

有许多韩国餐厅不坐在餐桌上而是坐在地板上吃饭。最近外国游客不断增多，虽然很多旅游胜地的餐厅里也有餐桌，但是仍然有许多餐厅让客人坐在地板上吃饭。中国人在这样的饭店吃饭可能会不方便。

许多韩国餐厅都会提供一个很大的水桶，里面放凉水或冰水，如果想喝温水或者热水的话需要另外提出要求。甚至在首尔提供温水的餐厅也不怎么多。韩国人喜欢冰水，而中国人喜欢随时喝热水或绿茶、乌龙茶。去韩国餐厅的话，常常会看到有的地方

写着"水是自助的"，所以要仔细查看餐厅墙壁或饮水机附近，以及菜单栏。

在大部分韩国餐厅里小菜不够可以继续添加。汤里面的水也可以继续添加。在韩国像小菜无限续吃这样的文化非常发达。

03 结交韩国朋友吧?

学习目标

· 了解交韩国朋友的方法。
· 体验韩国人的特点和倾向。

孝丽：魏晨, 你要去哪里?

魏晨：从语学堂上完课准备回家。

孝丽：你脸色不太好, 发生什么事了?

魏晨：考试没考好所以有点难过。虽然努力学习了, 但是分数不高。特别是听力考得不好。

孝丽：这样啊。你有韩国朋友吗?

魏晨：嗯, 有辅导员哥哥。但是最近哥哥正在准备就业, 非常忙。所以很难见到他。

孝丽：那么在语学堂或者学校图书馆结交朋友的公告栏里寻找适合自己的朋友吧。上面有对方的联系方式, 与韩国朋友见面或对话, 会提高听力水平, 增强自信心。

魏晨：姐姐, 你帮了我很多忙, 谢谢你告诉我。

陈伟：前辈，你好，我虽然来了韩国，但是只结交了中国朋友，所以很担心。我好像很难结交韩国朋友。

敏浩：那是因为你对韩语还不熟悉，对韩国文化也不熟悉。

陈伟：是的，前辈。没有好的方法吗?

敏浩： 因为你喜欢运动, 所以加入跆拳道社团怎么样? 如果加入跆拳道社团的话就可以结交韩国朋友, 可以更加了解韩语和韩国文化。

陈伟： 如何加入社团呢?

敏浩： 比想象中简单。在介绍社团的小册子或者学校网站中都可以看到关于社团的信息。然后去该社团的办公地点就可以。要想在韩国好好生活, 无论如何都要有许多韩国朋友。

新词汇和表达

- 어학당: 语学堂
- 안색이 안 좋다: 脸色不好
- 속상하다:【形】伤心
- 부족하다:【形】不足
- 멘토(mentor): 辅导员, 辅导, 小伙伴

- 취업 준비: 就业准备
- 게시판: 公告板
- 연락처: 联系方式
- 실력이 향상되다: 增强实力
- 자신감이 생기다: 产生自信
- 익숙하다:【形】熟悉, 熟练

- 동아리: 社团
  ~에 가입하다: 加入社团
  ~에 들다: 进社团
- 책자: 小册子
- 뭐니 뭐니 해도: 不管怎么说

　　结交韩国朋友的方法有很多。首先是通过语言交换方式与韩国辅导员见面。然后直接寻找韩国朋友可以在学校图书馆或语学堂公告栏上留言，也可以在学校网站的公告栏上留言。第三，通过课外活动也可以结交韩国朋友。通过联谊会或学科活动，宿舍生活也可以认识韩国朋友。也可以通过一个韩国朋友来结交朋友的朋友。

　　最近在韩国使用的交流工具是Kakao Talk，与中国的QQ或微信很像。特别是通过像韩国Facebook或Instagram这样的SNS，不仅容易与朋友见面，而且可以在短时间内了解想要知道的信息。SNS的特点是虽然可以频繁联络，但是很难维持独特的关系。如果想要了解韩国各种信息的话，可以使用"沪江韩国语 韩国新网"和"奋斗在韩国"的网站。

新词汇和表达

● 언어교환 프로그램: 语言交换项目
● 과제 活动: 课题活动
● MT(Membership training): 联谊旅行
● 주요 행사: 主要活动
● 빈번하다:【形】频繁

● 돈독하다:【形】深厚
● 활용하다:【动】活用，利用

在寻找韩国朋友的公告栏中留言。

如果想要在寻找韩国朋友的公告栏中留言, 应该写什么呢?

[例如]	国籍	年龄	性别	名字	联系方式
	邢兴				
	女				
	22岁				
	中国				
留言	想要学习韩语和韩国文化。寻找可以告诉我韩语和韩国文化的韩国学生。最好是中文系的女生同学。				
	275358306@qq.com / 010-1234-5678				

各位想寻找什么样的韩国朋友? 填表说一说。

亲爱的父母

你好！我是杨翔。最近过得怎么样？我来韩国已经6个月了，和之前相比我更加适应韩国生活了。

刚开始对韩语很陌生，所以听课比较吃力，感到无趣，讨厌上学。但是通过语言交换项目结交了韩国辅导员，通过参加韩国活动或课外活动，以及宿舍生活找到了适合自己的韩国朋友，感受到了学校生活的乐趣，渐渐适应了韩国生活。结交韩国朋友可以听到词典中没有的新造词和最近的热点问题，所以对韩语学习非常有帮助。

通过韩国朋友可以更加了解韩国文化，特别是更加了解韩国人的性格倾向和思考方式。前几天我遇到了一位之前在新生联谊会上和我玩得很好的韩国同届生，便非常开心地打招呼，但是那个同届生没有理我，没有接受我的打招呼就走了，所以心情有点不好。但是听韩国朋友说，想要与普通韩国朋友变得亲密的话需要相处很久才可以，所以才理解了那件事。

虽然有时还会不理解韩国人的话和行为，但是托韩国朋友的福我逐渐适应了学校生活和韩国生活。所以不用担心我。

因为有一直守在我身后支持我的父母，我感到很幸福。下次再写信，再见。

儿子 杨翔 敬上

04 夜晚看到的景福宫很美

学习目标

- 了解首尔的文化庆典。
- 了解韩国的文化日。

孝丽：魏晨, 今天一起去景福宫吧?

魏晨：上个月跟朋友去过了。但是为什么突然去景福宫呢?

孝丽：今天是景福宫夜间开放的日子。我很好奇景福宫晚上会是什么样子。

魏晨：夜间开放吗? 不是只有游乐园才这样吗?

孝丽：景福宫每年3月、4月、7月、9月都会举行夜间特别参观活动。原来需要订票, 但是现在不用订票只要穿上韩服可以进去参观。

魏晨：哇! 我也很好奇夜晚的景福宫会是什么样子, 一起去吧!

孝丽: 前辈, 这个照片怎么样?

敏浩: 哦, 去参加景福宫夜间开放活动了啊。

孝丽: 是的, 和魏晨一起去的。

敏浩: 很有意思吧? 以后有时间的话跟我去参加首尔的彩灯笼庆典吧?

孝丽: 首尔彩灯笼庆典吗? 没有去过, 也是夜间开放吗?

敏浩: 嗯, 与景福宫夜间开放一样, 有各种各样的只能在夜间才可以看到的景点。除此之外, 汝矣岛樱花节也是只有晚上去才能看到在白天看不见的景色。

孝丽: 首尔无论是白天还是夜晚, 好看的景点真多啊!

新词汇和表达

● 야간 개장: 夜间开放　　● 예매하다:【动】预买, 预购　　● 색다르다:【形】别致
● 축제: 庆典　　● 마찬가지: 一样, 同样
● 볼거리: 节目　　● 열리다:【动】开放, 开门

你好! 我是敏浩, 从现在开始向大家介绍首尔有名的庆典。为了便于理解, 打算按月分开介绍。

第一, 在鲜花盛开的4月去汝矣岛可以欣赏春花节。其中最值得观看的是樱花, 附近还有国会议事堂和汉江公园, 可以在这里度过充实的一天。第二是9月和10月之间在汝矣岛召开的首尔世界烟花节, 可以在夜空中欣赏到美丽的烟花。因为是世界各国人齐聚一堂的庆典, 当然会聚集很多人吧。早点去才能占一个好地方。最后是11月在清溪川举行的首尔彩灯笼庆典, 属于韩国传统文化中的一种, 可以欣赏到灯火的多样面貌和夜间清溪川的景色, 可以说是一举两得的机会。

除了以上三种庆典之外, 还有许多庆典在首尔举行。想知道更多的庆典的话, 可以进入韩国观光公社网站进行查看。有时庆典时间也会发生改变, 一定不要忘记上网搜索一下。

新词汇和表达

● 국회의사당: 国会议事堂
● 한강공원: 汉江公园
● 청계천: 清溪川
● 여의도: 汝矣岛

● 일거양득: 一举两得
● 감상하다: 【动】观赏, 欣赏

1　选择一个韩国的庆典, 并调查写下来。

2　选择一个故乡的庆典, 并介绍给朋友写下来。

拓展延伸 文化日 Q&A

Q "文化日"是什么？

A "文化日"，文化繁荣委员会和文化体育观光部从2014年1月开始实施的一文化种制度，为了让韩国国民以及来韩旅游的人通过文化设施来体验到各式文化，在每月的最后一个星期的星期三，韩国各地的文化设施，如电影院、演出剧场、美术馆等都会有不同程度的优惠政策，或是对游客免费开放。

Q 请详细地介绍一下文化日可以享受的文化设施。

A "文化日"这一天，电影院、体育设施、剧场、美术馆、博物馆、文物馆、图书馆都会打折或免费。为了让工作人员下班后能够体验文化设施，一部分文化设施也会在夜间开放。详细优惠如下。

看电影	观看体育比赛	观看演出
•CGV，MegaBox等全国主要电影院打折 •下午5点~9点开始的电影享有优惠 •9000韩元➜5000韩元 　　　　*部分上映影片除外	•和小学生或小学生以下的子女入场 职业篮球赛、职业排球赛、职业足球赛、职业棒球赛门票优惠50%	•国立剧场、艺术殿堂世宗文化会馆等主要演出场地演出折扣
观看展览会	文物参观	其他文化场地
•国立现代美术馆等博物馆、美术馆提供折扣或免费参观	•景福宫、昌德宫等4个宫殿和宗庙，朝鲜王陵免费参观	•举办街头表演、跳蚤市场、才艺展示、小运动会等

〈来源: 文化日网址（http://culture.go.kr/wday/）〉

05

如何办理手机开通手续？

学习目标

· 学习在韩国开通手机的方法。
· 寻找适合自己的通信公司和套餐。

敏浩：陈伟, 去哪了?

陈伟：准备去通信公司代理店买手机。

敏浩：来韩国那么久了还没有手机吗?

陈伟：嗯, 因为宿舍有WIFI, 所以以为没有也可以, 但是随着时间的推移, 有许多不便之处。

敏浩：原来是这样。但是现在使用的中国手机不能放韩国SIM卡吗?

陈伟：我听韩国朋友说, 现在韩国上市的机型可以使用, 但是我的机型是3年前买的旧款, 可能不支持。

敏浩：那么去手机店问一下吧, 如果不可以的话再买一个新的。你想加入哪一个通信公司呢?

陈伟：我也不了解韩国的通信公司。

敏浩：每一个通信公司的裸机价格、收费制度和折扣优惠都不同, 应该仔细比较一下再选择。

陈伟：好的前辈, 谢谢。

陈伟：孝丽姐姐, 忙吗?

孝丽：不忙, 有什么事吗?

陈伟：因为没有韩国手机所以生活有点不方便。昨天去了一趟通信公司代理店。

孝丽：最终开通韩国手机了吗? 恭喜你!

陈伟：还没有呢。如果不能在韩国使用两年以上的话, 解除的时候得交违约金。所以苦思良久, 最后还是放弃了。

孝丽：是的, 在韩国大部分需要合约协议, 但是也有预付费手机, 你没问吗?

陈伟：没有, 那是什么?

孝丽：是采用提前充话费的方式, 如果只使用短信和通话的话会比约定制度便宜很多。

陈伟：提供数据信息吗?

孝丽：虽然也有包含数据的预存话费制度, 但是听说更贵。

陈伟：知道了, 得去通信公司代理店再问一下, 谢谢。

新词汇和表达

- 핸드폰/휴대폰을 만들다: 办手机
- 통신사: 通信公司
- 대리점: 代理店
- 한둘이 아니다: 不只一两(点)
- 심카드: SIM卡
- 시장에 출시되다: 上市
- 기종: 机种

- 기계값: 裸机价格
- 요금제도: 收费制度
- 할인: 折扣
- 혜택: 优惠
- 휴대폰을 개통하다: 开通手机
- 해지하다: 【动】解除, 解约
- 위약금을 내다: 交违约金

- 약정: 合约协议
- 선불폰: 预先付费手机
- 충전하다: 【动】充值
- 문자: 短信
- 통화: 通话
- 저렴하다: 【形】低廉
- 데이터: 数据

生活在现代生活，如果没有手机的话不便之处不止一两点。不能跟朋友和家人随时通话，也不能收到从学校来的电话或短信，所以不能获得重要的信息。虽然现在许多建筑物都提供WIFI服务，但是因为信号不好，有时会感到郁闷。最重要的是，为了应付突发的紧急状况，最好是购买一部手机。

如果在中国使用的手机是在韩国也可以使用的话，不需要再买一部新手机，把SIM卡放入手机中，选择套餐就可以。例如，在中国使用的手机型号是iPhone、三星、LG的话，在韩国也可以使用。即使出了故障，也有许多修理店，所以使用很方便。

代表韩国的移动通信公司有KT、LG、SKT。每个公司入网费和收费政策都不同，最好是直接去通信公司代理店咨询一下再决定。即使是同样的通信公司，每个代理店的价格也有差异，所以多去几个地方看一下再决定。

在韩国，手机的销售也大多通过通信公司代理店进行。去代理店的话可以一次性解决手机购买和开通问题。手机的价格与中国差不多，但是因为通信公司提供补贴，所以买得比较便宜。

如有工作签证，可以分期支付手机费用，但如果持有留学生签证，则需一次性支付。如果对购买新手机感到负担的话，可以购买二手手机或在通信公司长期贷款后使用。希望仔细对比购买适合自己的手机或选择适合自己的手机套餐。

- 后付话费

使用 ▶ 缴费 ▶ 使用 ▶ 缴费 ▶ 使用 ▶ 缴费

- 预付话费

缴费 ▶ 使用 ▶ 缴费 ▶ 使用 ▶ 缴费 ▶ 使用

新词汇和表达

- 마음대로: 【副】随心所欲
- 전화/문자를 받다: 接收电话/短信
- 서비스가 제공되다: 提供服务
- 신호가 잡히다: 有信号
- 긴급 상황에 대비하다: 应对紧急状况
- 고장이 나다: 出故障

- 수리하다: 【动】修理
- 가입비: 加入费, 入网费
- 군데: 处, 地方
- 둘러보다: 【动】环顾, 观望
- 한꺼번에: 【副】一次, 一起
- 보조금: 补助金

- 할부: 分期付款
- 일시불: 一次付清
- 중고폰: 二手手机
- 장기대여: 长期出借

1 通信公司客服中心

下载各通信公司的客服中心应用程序后，可以实时搜索手机使用量和目前使用的费用。另外，还可以更换适合自己的收费制度，也可以享受在便利店，剧场，休息商店打折的多种会员优惠。

例如 KT通信公司：在线客服中心的应用程序

2 国际电话应用程序

例如 如果下载"OTO全球版"的话，就可以在韩国国内使用国际电话。

	韩国 → 中国	中国 → 韩国
语音模式	有线: 免费　无线: 免费 (免费通话时间用完时可以使用国内通话话费)	有线: 47韩元　　无线: 61韩元
数据模式	有线: 23韩元　无线: 23韩元	有线: 24韩元　　无线: 60韩元

3 一般人气应用程序

韩国人最常用的聊天工具是"kakaotalk"，找路的时候用"naver地图"，获得交通信息的时候用"智能地铁"、"可可地铁"、"可可公交车"等应用程序。

拓展延伸 　精打细算地使用手机的方法

1. 廉价手机

为了节省话费，选择"廉价手机"的人越来越多，"廉价手机"借助现有的三大通信公司（SKT，KT，LG）的通信网络，以低廉的价格提供通信服务。"廉价手机"的最大优点是节省基本话费。对"廉价手机"有兴趣的话最好了解以下事项。

- 不能使用通信公司的会员优惠。而且由于话费不低，适合电话或短信使用量大的人群。
- 实体店少，访问加入不方便。只能在通信公司网站上申请或拨打通信公司的电话。
- 通过邮局可以方便地办理廉价手机手续。

〈代表性的性价比高的手机运营商〉

通信网	SKT	KT	LG U +
品牌名称（企业名称）	7移动通信（SK集团）	CJhello移动通信（CJhello vision）	FreeT（空间网）
	雪人（Onse电信）	FreeC（自由电信）	我的世界（Merchend Korea）

2. 购买二手手机的方法

★直接去二手手机销售店确认手机的状态与卖主交易。

- 手机销售店：新村店、麻浦红岛店、永登浦站店、诚信女子大学店、江南私塾店、江南站店。
- 二手手机王国：江南店、富平店、富川店、朱安店
- 新元移动：江北区弥阿三岔路口站6号出口

★网上购买二手手机。

- Setison：www.cetizen.com
- 二手世界：www.junggo.com

06 如何在学校附近找房子

学习目标

· 了解韩国的居住形态和各居住形态的优缺点。
· 可以向房产中介的中介人说明自己想要租的房子。

孝丽：秀智, 好久不见, 过得好吗?

秀智：嗯, 过得很好。好久没有看到你了, 你也过得还好吗?

孝丽：嗯, 我也过得很好, 但是最近有点烦心事。

秀智：真的吗? 发生什么事情了?

孝丽：我要马上从宿舍里搬出来, 虽然申请了宿舍, 但是并不顺利。

秀智：这样啊? 很担心吧。

孝丽：想从学校附近寻找房子, 但是不知道应该怎么做。

秀智：因为房子的类型有很多, 所以要提前想一下是找寄宿公寓还是找考试院。一般可以通过房地产中介所了解, 最近通过网络找房子的人也很多。

孝丽：就是啊。不知道该找什么样的房子。

秀智：慢慢想一想, 敏浩前辈住在校外, 你可以问一下他。

孝丽：知道了, 谢谢。

孝丽：敏浩前辈，你好。我是孝丽，因为有点事情所以给你打电话。

敏浩：嗯，有什么事情？

孝丽：我想在学校外面租房子，不知道该找什么样的房子，想请教一下前辈。

敏浩：房子有很多种类，我现在住的房子是单间，除此之外还有寄宿公寓、考试院、可以自己做饭吃的房子等多种居住形态。

孝丽：单间是什么？

敏浩：在一个房间里包括卧室、厨房和卫生间，可以自己做饭，生活自由。

孝丽：这样啊，虽然还可以，但是开学之后就没有时间做饭了。

敏浩：是的，女学生单独住的话也有点危险，嗯，那么找寄宿公寓怎么样？阿姨会提供伙食，所以很方便。

孝丽：嗯，好的。那么在学校附近打听一下寄宿公寓吧。

敏浩：好的，找房子的时候需要帮助的话随时联系我就可以。

孝丽：谢谢你，前辈。

新词汇和表达

● 고민거리: 烦心事	● 부동산 중개소: 房地产中介所	● 주거 형태: 居住形态
● 집을 구하다: 找房子	● 막막하다:【形】迷茫，茫然	● 침실: 卧室
● 하숙: 寄宿	● 원룸: 单间	● 부엌: 厨房
● 고시원: 考试院	● 자취: 自炊，自己做饭吃	● 밥을 챙겨주다: 提供伙食

韩国的大学一般优先给予外国学生入住宿舍的权利。首尔地区的大学因为宿舍设施不足,一般按照成绩或年级顺序选拔住宿生。住宿生中低年级的人数所占比率较高,随着年级的上升,申请住宿也会越难。根据是否包括餐费,住宿费的价格也会不同。校内宿舍既方便又安全,但需要和其他学生共用房间,而且有门禁时间,所以活动不自由。于是有很多学生选择到校外租房。

寄宿家庭是指在韩国人家里生活的居住形式,通常有一个单间,卫生间要跟房主以及其他寄宿生一起使用。寄宿和寄宿家庭的最大优点是提供伙食(房租包含餐饮费),可以和主人交流,还可以直接体验韩国人的日常生活。

单间一般一个人使用,是独立于房主的居住形式。一间小房间包括床,厨房等所有配套设施。所以可以自己做饭,虽然可以自由生活,但是需要另外缴纳公共费用及垃圾处理费用,在首次签约时需要支付押金。虽然费用比其他居住形式贵,但住宿环境非常舒适。

考试院,是为了考试而长期居住的考生准备的居住设施,可以被短期租借。与其他居住设施相比,没有押金就可以入住。根据价格的不同,房间大小和设施条件也不同。一般没有窗户和淋浴设施的房间更便宜,有窗户和淋浴设施的房间更贵。由于隔音不好,使用公共做饭设施,不适合对环境敏感的人。

	特征	优点	优点
宿舍	•一般带卫生间的4人室的情况较多。	•距离学校较近，安全，可以利用食堂。	•不能自己做饭，共同使用一间房间，有门禁时间。
寄宿家庭	•寄宿在韩国人家里。	•房东阿姨可以提供伙食，可以与韩国人亲密接触。	•不能和朋友大声喧闹。
单间	•一间房包括厨房，卫生间等设施。	•可以在房间里吃饭，自由。	•有公共费用及垃圾处理问题，费用负担重。
考试院	•由多个单间组成。	•可以短期使用，没有押金。	•使用公共设施，有隔音问题。

新词汇和表达

- 주거 시설: 居住设施
- 장단점: 优缺点
- 우선권: 优先权
- 서울권 대학: 首尔地区的大学
- 성적(학년)순: 成绩(学年)顺序
- 입사생을 선발하다: 选拔住宿生
- ~는 경우도 있다: 也有~的情况

- 선정되다: 【动】被选定
- 식권: 饭票
- 통금시간: 通禁时间, 宵禁时间
- 집세: 房租
- 부대시설: 附带设施
- 공과금: 公共费用
- 쓰레기 처리 비용: 垃圾处理费用

- 보증금: 保证金
- 방음이 취약하다: 隔音不好
- 접촉하다: 【动】接触
- 단칸방: 单间房

大家去过房地产中介所吗? 请参照下面的词汇, 写下自己想要的住宿条件, 交给房地产中介。

- 学校周围
- 包含食宿
- 安全问题
- 挨着马路
- 可以做饭
- 包含室内卫生间
- 地铁附近
- 价格低廉
- 有空调和电视
- 男女卫生间分开
- 与韩国人对话的机会

中介人: 请问您想租住什么样的房子?

我: 我 _____

与居住相关的有效信息

★在网上找房子

虽然直接去房地产中介所寻找房子是最安全的，但是最近线上中介所越来越多，所以通过电脑或手机就可以容易地得到有关房子的信息。代表网站有"直房"，除此之外还有为了中国留学生而开设的"奋斗在韩国"和"乐在韩国"等网站，在这些网站也可以找到关于房子的信息。

在签订合同之前，要仔细询问电费、煤气费、水费、管理费等公共费用是否包括在房租中，还要了解入住所需要的程序，网络设置方法等。在国外生活最重要的是安全问题，所以在找房子时要慎重考虑。

★ 年租房是什么？

前面介绍的居住设施主要以月租支付的方式运营，计划在韩国有长期居住时，选择年租房的情况也很多。年租房是租别人的房子，在签合同时要给房东一定的保证金。合同期限一般为1~2年，合同到期后可以退还保证金。

由于房子的大小、位置、设施不同，租金也不同。一般租金从几千万韩元到几亿韩元都有。不管怎么说，与买房子相比，租房子更便宜，因此韩国人一直提倡租房子。但是最近由于年租金逐渐上涨，人们也会租半年的房。

07 应该如何听课?

- 学习在韩国的大学的上课礼仪
- 学习在韩国的大学上课时需要注意的事项

陈伟：前辈，我第一次在韩国的大学上课，感觉好紧张呀，请问有没有需要注意的事项呢？

敏浩：嗯……外国学生的话，一般会给你们指定一名导师，如果没有理解教授说的话，可以去问导师。

陈伟：啊，有导师的话就太好了。那么我应该怎样维持和教授、同学之间的关系呢？

敏浩：首先应该要有礼貌，在回答教授的问题时，应该把"是"换成"是"（敬语），听说中国学生习惯用"嗯"来回答。

陈伟：是的，我会多注意的。

敏浩：并且穿着运动服或者拖鞋进教室的话会很没有礼貌，应该穿的端庄一点。

陈伟：好的，知道了。

陈伟: 孝丽前辈, 你好, 我今天听了第一堂课。

孝丽: 是吗? 感觉怎么样? 难不难?

陈伟: 有一点难, 教授说的话很多都听不明白, 有点郁闷。

孝丽: 我刚开始也很困难, 所以教授允许我将上课内容录音下来。

陈伟: 啊, 我也要录音。而且一个学期好像有一到两次发表, 应该怎么办呢?

孝丽: 首先, 想要有效地传达自己的主张的话, 我建议你多运用PPT。并且在发表之前, 必须提前进入教室拷贝好发表资料。

陈伟: 好的, 知道了。但是教授让下载上课资料并提前阅读, 应该在哪里下载呢? 好像是叫做"一课堂"的地方。

孝丽: 啊, 那是"E-课堂", 你登录学校网页, 它就标示在网页的最上面。输入账号 (ID) 和密码, 就能下载教授上传的资料, 以后作业也要上传到那里。

陈伟: 原来是这样, 谢谢前辈。

新词汇和表达

- 학우: 学友, 同学
- 관계를 유지하다: 维持关系
- 인사를 잘 하다: 打招呼有礼貌
- 습관적: 习惯性的
- 조심하다:【动】小心
- 체육복: 运动服
- 슬리퍼: 拖鞋

- 단정하다:【形】端庄
- 허락을 받다: 得到允许
- 녹음하다:【动】录音
- 발표: 发表
- 주장: 主张, 见解
- 효과적: 有效的
- 전달하다:【动】传达

- PPT를 활용하다: 运用PPT
- 설치하다:【动】安装
- 다운로드 받다: 下载
- 아이디(ID): 账号
- 비밀번호: 密码
- 입력하다:【动】输入
- 과제물을 올리다: 上传作业

阅读　获得好成绩的办法

　　中国的大学和韩国的大学有很多相同点，也有很多不同点。首先，中国的大学主要是以教授上课的方式进行，但是韩国的大学，课堂上虽然也有教授上课，但是学生们对上课内容进行发表的情况也有很多。所以，课堂上积极参与非常重要。

　　发表分个人发表和小组发表。个人发表是预习教授给出的主题并概括内容，然后在其他学生和教授面前进行介绍。发表结束后，教授和其他学生可能会进行提问，所以应该认真准备发表。小组发表主要是和韩国学生进行组队，分担各自的角色并共同准备发表内容，最后选定一两名学生作为小组代表进行发表。小组发表的时候，需要小组成员之间进行沟通和协作，即"团队合作"精神，表明自己的主张虽然很重要，但是也得倾听和尊重别人的意见。

　　教授的上课资料和学生的发表资料可以在"E-课堂"（下图）下载。为了能够迅速的共享资料，韩国大学普遍利用网络手段。最好是各自学习网络上的课程资料，并带着疑问参与到课堂上。

〈外国语大学 E-课堂〉

54

虽然每个教授的要求不一样,但是在大部分的课堂上,一个学期需要提交一到两次报告。报告就是教授给一个主题,对这个主题进行调查和研究后写成的一篇文章。在书写报告的时候,要制定固定的格式,可以根据教授的要求来完成,或者以韩国学生的报告格式为范文来完成即可。

发表、报告分数和出勤率反映课堂参与度和最终成绩。所以应该好好上课并积极参与。不要因为韩语不熟练而在上课期间一言不发,应该自信地回答问题。

新词汇和表达

- 공통점: 共同点
- 차이점: 不同点
- 수업에 참여하다: 参与课堂
- 능동적: 主动的, 积极的
- 개인 발표: 个人发表
- 팀 발표: 小组发表
- 제시하다:【动】给出
- 내용을 요약하다: 概括内容
- 팀을 짜다: 组队
- 각자: 各自

- 역할을 분담하다: 分担角色
- 정하다:【动】确定
- 주장을 밝히다: 表明主张
- 귀를 기울이다: 倾听
- 자료를 공유하다: 共享资料
- 신속하다:【形】迅速
- 일반화되다:【动】普遍化
- 리포트를 제출하다: 提交报告
- 일정하다:【形】一定的, 固定的
- 형식을 갖추다: 采取形式

- 본보기: 样板
- 출석률: 出勤率
- 수업 참여도: 课堂参与度
- 반영되다:【动】反映
- 입을 꼭 다물다: 紧闭嘴, 一言不发

在韩国的大学里, 撰写报告是大学生应该具备的重要能力, 会影响大学生得到的评价。下面看一下报告的封面和目录的书写例子。

1 制作封面

题目：撰写报告的核心要素

科目：写作

任课教授：洪吉童

学号：20160001

姓名：小美

专业：韩国学

提交日期：2016年5月2日

2 制作目录

Ⅰ.绪论

Ⅱ.研究对象的分析和新的发现
  1.关于研究对象的分析
  2.关于研究对象的新的发现

Ⅲ.准确简单地表达内容
  1.准确的表达发现的内容
  2.表达得与读者的水平相符

Ⅳ.结论

<参考文献>

　　韩国人经常使用的公共图书馆有国立中央图书馆（WWW.NL.GO.KR）和国会图书馆（WWW.NANET.GO.KR）。很早以前发现的新闻资料或著作几乎都制作成数字化形式方便在线浏览。最近直接去图书馆就能够找到需要的信息。用外国人登陆证或者护照办理一日利用证，就能在当天借阅资料，但是不能在图书馆外使用。图书馆准备了复印机，可以复印部分资料。利用完图书馆之后，退还利用证即可。

　　同时，可以在韩国教育学术信息院（HTTP://WWW.RISS.KR/INDEX.DO）、韩国学术信息（KISS.KSTUDY.COM）等网站上下载论文。一般在大学图书馆里可以免费利用，中文资料一般在万方数据（HTTP://G.WANFANGDATA.COM.HK/）、中国知网（HTTP://WWW.CNKI.NET）上能找到。

　　在利用资料完成发表或报告时，必须要写明出处，否则会在查重系统上被发现，导致学分不合格。在引用文献原文的部分，必须用大引号（“　”）来标示。并且过分使用翻译器的话，很可能会出现不通顺的文章，所以独自完成自己想表达内容的能力也很重要。

08 怎样才能找回丢失的物品？

学习目标

· 了解找回丢失的物品的办法
· 学习并掌握在韩国丢失物品时的应对要领

陈伟：前辈! 这里。

孝丽：陈伟, 好久不见, 这段期间过得怎么样? 对了, 上次的发表怎么样了?

陈伟：托前辈的福, 发表完成的很好, 所以今天想请前辈吃饭, 你想吃什么呢?

孝丽：真的吗? 带着鼓鼓的钱包来的是吧?

陈伟：当然了, 你看到我的钱包的话……啊? 我的钱包去哪儿了?

孝丽：怎么了? 钱包不见了吗? 好好找找。

陈伟：好像落在学生会馆的ATM机上了。前辈, 不好意思, 我去一趟学生会馆。

孝丽：一起去吧, 如果钱包不在那里的话, 就去警卫室, 捡到你的钱包的人应该会放在警卫室的。

魏晨: 哥, 不好意思我来晚了。我在来的路上丢了包。

陈伟: 你的包丢了吗? 在哪里丢失的呢? 我前天也丢失了我的钱包, 幸好又找到了。

魏晨: 我把包放在地铁的搁板上, 忘记拿走了, 下了地铁才想起来。包里有很贵重的物品, 不知道应该怎么办。

陈伟: 听说想要找回丢失在地铁里的东西话, 联系失物招领处就行。但是把包落在地铁上没多久的情况, 可以试试给地铁的终点站打电话。

魏晨: 那么时间还没过多久, 我先给终点站打电话试试。

陈伟: 我也是这样想的, 我找找终点站的电话号码。

新词汇和表达

- 캠퍼스(campus): 校园
- 한턱내다:【动】请客
- 두둑하다:【形】厚厚的, 丰厚的
- 챙기다:【动】准备好
- 학생회관: 学生会馆
- ATM(automated teller machine): 自动取款机
- 두다:【动】放, 搁
- 혹시:【副】或许

- 경비실: 警卫室
- 줍다:【动】拾取, 捡
- 맡기다:【动】存放, 托付
- 입구: 入口
- 잃어버리다:【动】丢失
- 엊그제:【副】前天
- 다행히:【副】幸好
- 선반: (放东西的)搁板

- 깜박하다:【动】忘记
- 소중하다:【形】珍贵
- 유실물 센터: 失物招领处
- 일단:【副】先, 一旦
- 종착역: 终点站

地铁失物招领处的利用办法

及时发现把物品遗落在地铁的时候, 去车站办事处申报即可。这个时候如果知道地铁的列车号、地铁过站时间和下地铁的位置的话, 更容易找到遗落的物品。相反, 如果没有及时发现把物品遗落在地铁上的情况, 登录首尔地铁 "寻找丢失物" 主页即可。在这里能够确定收到的丢失物的情况和照片。失物招领处的开放时间是工作日早上七点到晚上十点, 周末和法定节假日、开放时间以外, 联系有失物招领处的地铁站的车站办事处即可。

地铁站 1~2日	→	失物招领处 展示五日	拾获日起7日以内 移交警察局 →	警察局 展示14日	警察局 保管6个月 →	剩余处理 社会福利团体

在地铁站丢失的物品如果移交到实物招领处, 可以被保管七天, 其中有五天可以在主页上看见。但是如果一周内没有人来找回的话, 就会移交到警察局并保管六个月, 其中会在主页上展示14天。如果在警察局也没有人来找回的话, 那个物品就会被丢弃, 或者移交社会福利团体。

<出处:首尔地铁(http://www.seoulmetro.co.kr/page.action?mCode=A010050000&cidx=21)>

新词汇和表达

- 역무실: 车站办事处
- 신고하다:【动】申报
- 열차번호: 列车号
- 위치: 位置
- 뒤늦다:【形】晚, 迟
- 접속하다:【动】登录

- 접수되다:【动】接收
- 현황: 现状
- 평일: 平日, 工作日
- 공휴일: 公休日
- 보관되다:【动】保管
- 옮기다:【动】移动

- 알리다:【动】通知, 告知
- 버려지다:【动】被丢弃
- 사회복지단체: 社会福利团体
- 넘어가다:【动】转到

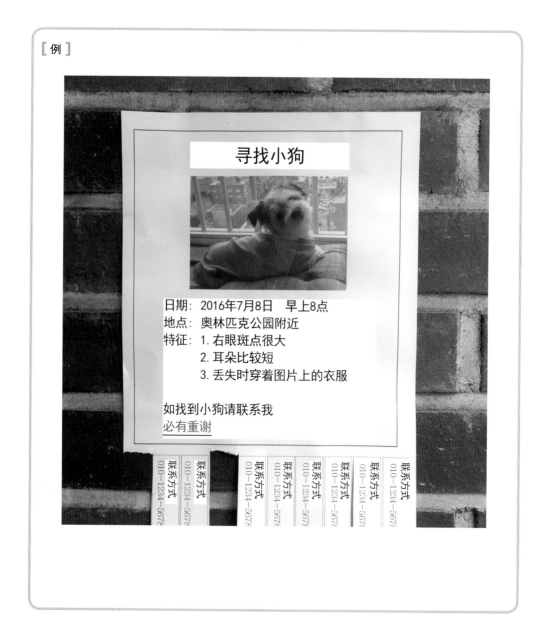

活动 试写寻找失物的文章

各位有没有丢过东西或宠物呢?请试写一下和[例]一样的文章

[例]

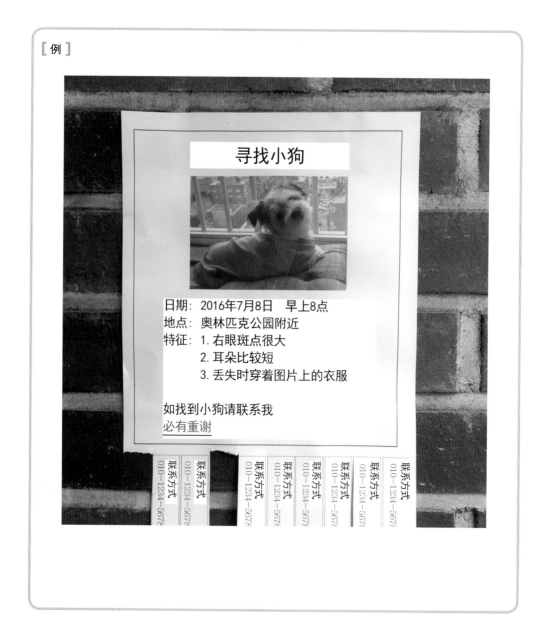

寻找小狗

日期：2016年7月8日　早上8点
地点：奥林匹克公园附近
特征：1. 右眼斑点很大
　　　2. 耳朵比较短
　　　3. 丢失时穿着图片上的衣服

如找到小狗请联系我
必有重谢

联系方式
010-1234-5678
（重复多次）

寻找 _____

〈寻找的物品或动物的照片或者图片〉

- 日期

- 场所

- 特征

- 联系方式

如找到_____ 请联系我 必有重谢

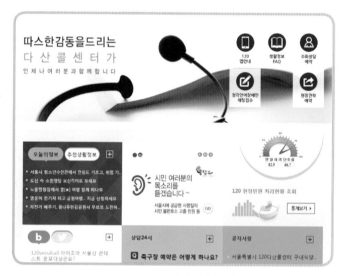

〈120茶山客服中心主页照片〉

我刚来韩国没多久的时候，和朋友去了一次游乐园。由于韩语不熟练，所以听说读写比较困难。花了很多钱坐出租车去游乐园。在游乐园里我和朋友玩的非常高兴，但是由于我们急着下出租车，所以把相机落在了车上。那个相机是我用打工挣的钱买的，所以我当时非常难过。

我当时特别慌张，不知道应该怎么办，朋友就向韩语老师打电话寻求帮助。老师首先询问了我们是否知道出租车的车牌号以及附近是否有警察局。我们说不知道，所以老师让我们给120茶山客服中心（http://120dasan.seoul.go.kr/）打电话。老师说不加区号给120打电话，然后按9就能接到外语介绍，用英语，中文，日语，越南语，蒙古语都能接，中文按2就行。

我们给120茶山客服中心打电话，说了下出租车的时间和位置就能找到相机。经过了这件事，我有了每次坐出租车都会记下出租车号码的习惯。各位在乘坐出租车或公交车、地铁的时候，记住车牌号和下车时间就能轻松找到丢失的物品。

09 喝酒的时候要转头 (以表敬意)?

学习目标

- 了解韩国人的基本酒道
- 了解韩国人的酒桌文化。

孝丽: 今天好热呀! 好想吃一次鸡啤啊。

敏浩: 哇~孝丽你连鸡啤都知道吗? 看来完全掌握了韩国文化呀。

孝丽: 哥哥, 这算什么呀? 最近中国人都知道鸡啤。

陈伟: 鸡啤是什么呀? 我还不知道呢。

敏浩: 鸡啤就是炸鸡和啤酒的缩略语。就是韩国人最喜欢的下酒菜--炸鸡和啤酒合起来的词语。

孝丽: 前辈, 天气这么热, 我们一边喝啤酒一边聊天不行吗?

敏浩: 好吧, 今天是"火五", 我们去喝一杯怎么样?

陈伟: 火……五?那是啤酒的名字吗?

孝丽: 笨蛋! 就是"火热的星期五"的缩略语。你都不看电视吗? 这是综艺节目里经常用到的词语呀。

敏浩: 孝丽对陈伟经常很严格呀! 是不是对陈伟有意思呀?

孝丽·陈伟: 前辈!

陈伟：啤酒店里面人真多呀。韩国人好像都很喜欢鸡啤呀。

敏浩：哈哈哈,今天是星期五才这样。当然,韩国人是很喜欢炸鸡和啤酒,但是代表韩国的酒是烧酒呀。

孝丽：之前我和朋友尝过烧酒,味道很苦,不是很好喝。直奔主题吧,快点啤酒和炸鸡。

敏浩：好吧,正好我也饿了。老板,这里! 请把菜单给我一下。

(过了一会儿)

孝丽：陈伟,你第一次和前辈喝酒,把头转过去再喝。

陈伟：嗯?把头转过去再喝?为什么?

孝丽：在韩国和年纪比你大的人喝酒的时候,你应该把头转过去在喝。

敏浩：孝丽很了解韩国的酒道呀。在年纪比自己大的人面前,把头转过去,不让对方看到自己喝酒的模样是韩国的酒桌礼仪。

孝丽：并且陈伟我给你倒酒的时候,你应该用双手来接。

陈伟：为什么要用双手来接呢?是因为啤酒杯很重吗?

敏浩：哈哈哈，啤酒杯是挺重的，但并不是因为重，因为这是韩国的酒道之一。
　　　应该用双手来接，或者用双手来给年纪大的人倒酒，这是一种礼仪。

陈伟：喝酒时把头转过去，用双手倒酒，在韩国喝酒真是麻烦。但是邻桌那些
　　　人为什么这么吵呢？

敏浩：那是冲浪游戏，一种考验人们团结的游戏。

陈伟：哇，真有意思。我们也玩冲浪游戏怎么样？

新词汇和表达

● 주도: 酒道
● 술자리 문화: 酒桌文化
● 잔디밭: 草地
● 치맥: 炸鸡啤酒
● 줄임말: 简称

● 즐겨 먹다: 喜欢吃
● 안주: 下酒菜
● 소주: 烧酒
● 거두절미: 截头去尾
● 메뉴판: 菜单

● 고개를 돌리다: 转头
● 단결: 团结
● 놀이: 游戏

韩国人在酒桌上会玩很多游戏, 其中最有意思的就是冲浪游戏。就像大海的波浪不停歇、一直连续一样, 酒桌上人们按照顺序不断喝酒的游戏。可以说这反映了韩国人做什么都想一起的共同体文化。将酒一次性喝完的行为叫做"一口闷", 将酒一次性喝完的习惯, 来源于添杯的禁忌。添杯是往还没喝完的酒杯中倒酒, 这在韩国是非常违背礼仪的行动。

韩国人在更换喝酒的地方的时候, 会加上顺序"一轮"、"二轮"等来区分。和前辈或职场上司一起喝酒的时候, 必须一直待到最后, 这被视为一种礼仪。如果不跟着去的话, 相互之间很难亲近起来。同时在表达和对方的关系很亲近的时候, 会说"我们是一起喝到4轮的关系"。最后"自斟自饮"是禁忌的行为。一般是旁边的人或对面的人给自己倒酒。

新词汇和表达

- 공동체 문화: 共同体文化
- 잇다:【动】连接
- 행위: 行为
- 원샷: 一口闷
- 첨잔: 添杯
- 금기시하다:【动】禁忌
- 술(잔)을 비우다: 清空杯中的酒
- 술을 따르다: 倒酒, 斟酒
- 예의에 벗어나다: 违背礼仪
- 장소를 옮기다: 换地方
- 차례: 次序
- 구분하다:【动】区分
- 직장상사: 职场上司
- 친근함: 亲近
- 자작: 自斟自饮

学习可以和朋友玩的韩国酒桌游戏

○ 眼神游戏

(1) 开始的人大声说"眼神游戏开始"并数一。

(2) 按照顺序观察相互的眼神，并接着数数。

(3) 数到重复的数字或到最后没有数到数字的人会接受惩罚。

○ 联想游戏(印象游戏)

(1) 伸开手指

(2) 开始的人提示固定的条件。(例如:戴帽子的人把弯下一只手指)

(3) 符合条件的人就把手指弯曲。

(4) 按照顺序每人说出一个条件，手指全部弯下的人接受惩罚。

○ 字母游戏1（提供韩语辅音）

(1) 开始的人说两出个辅音。(例如:ㄱ ㅂ)

(2) 剩下的人说出符合那两个辅音的单词。

(3) 最后没有说出来的人接受惩罚。

○ updown游戏(上下数字游戏)

(1) 捉家确认烧酒瓶盖里的数字(1～50)并遮住

(2) 按照顺序每人随便说出一个1～50的数字，比那个数字高，捉家就说down，比那
个数字低，就说up。

(3) 猜中数字的人接受惩罚。

○ 字母游戏2（提供韩语辅音）

(1) 开始的人说两出个辅音。(例如:ㄱ ㅂ)

(2) 剩下的人说出符合那两个辅音的单词。

(3) 最后没有说出来的人接受惩罚。

敬酒

- 第一杯酒先敬长辈。
- 先说"我敬您一杯"，得到许可后往酒杯里倒酒。
- 如果是坐式桌子，可以双膝跪着，或者左膝跪着右膝立着。
- 如果是餐桌，可以站着就像行注目礼一样，身体略微弯曲。(15°左右)

倒酒

- 右手握着酒壶把手，左手稍微按着酒壶盖。
- 右手握着酒瓶的中间部分，左手扶着右手的手腕。
- 如果座席离得比较远，左手轻轻贴在右胸上倒酒。
- 倒满酒杯的80%左右即可。

接酒杯

- 接酒杯时应该用双手接。如果与对方距离较远，左手轻轻贴在右胸上用右手接住酒杯。
- 就像行注目礼一样，稍微点一下头，以示谢意。
- 就算不喝酒，也用酒杯碰一下嘴再放下。
- 碰杯时酒杯不能拿得比长辈的酒杯高。

喝酒

- 在长辈面前喝酒时，应该将上身和头转过去，喝酒不能发出声音。
- 比长辈先放下酒杯是不礼貌的。
- 添杯是不礼貌的。

10 垃圾如何分类回收？

学习目标

- 了解韩国的垃圾分类回收制度和资源回收效果
- 学习并实践垃圾分类回收的方法

秀智: 孝丽, 顺利找到了我们小区呀, 路上累吗?

孝丽: 不累, 我们在学校坐地铁二号线就直接来了, 没有想象中的那么远。但是秀智, 垃圾桶为什么会放在这里呢?

(孝丽一边指着那一排大桶一边问道。桶上分别写着"纸", "玻璃瓶", "塑料"等, 如下图:)

秀智: 啊, 那是居民在家将垃圾分类后, 再投放到这些垃圾桶里。每个小区的垃圾投放日不同, 我们小区每周五会有清洁工来, 将垃圾放在卡车上运走。

孝丽: 啊, 原来是这样

秀智: 对了, 我家的垃圾也该丢了, 差点忘了。爸爸妈妈早上出门去参加朋友儿子的结婚典礼了。

孝丽: 那我也要一起分类垃圾, 应该怎么做呢?

[秀智指着厨房里的垃圾说]

秀智: 垃圾的种类有很多, 大致可以分为一般垃圾、食物垃圾和可回收垃圾。刚才我们在下面看到的大桶就是装这些可回收垃圾的。

孝丽: 所以一般食物垃圾和可回收垃圾都要分开丢是吗?

秀智: 是的, 一般垃圾和食物垃圾全部都装在计量垃圾袋里再丢, 可回收垃圾丢在标有标识的桶里即可。

孝丽: 计量……垃圾袋?

秀智: 嗯, 计量垃圾袋。要丢垃圾的话需要先购买计量垃圾袋, 垃圾袋的大小不同, 价格也不同。所以根据垃圾的量为基准来征收处理费用。

孝丽: 所以想要省钱的话, 在丢垃圾的时候, 得彻底进行分类才行呀。

秀智: 对! 就是这样的。计量是为了减少垃圾的量, 提高垃圾的可回收率。

孝丽: 这个办法即环保又经济呢。

新词汇和表达

- 동네: 社区, 小区
- 쓰레기통: 垃圾桶
- 나란히:【副】并排
- 쓰레기를 분리하다: 垃圾分类
- 배출: 排放
- 트럭(truck): 卡车
- 싣다:【动】装

- 깜박하다:【动】忘记
- 지인: 熟人
- 분리수거: 分类回收
- 궁금하다:【形】好奇, 想知道
- 일반 쓰레기: 普通垃圾
- 음식물 쓰레기: 食物垃圾
- 재활용 쓰레기: 可回收垃圾

- 봉투: 袋子
- 비용을 징수하다: 征收费用
- 돈을 아끼다: 省钱
- 철저히:【副】彻底地
- 재활용도를 높이다: 提高可回收率
- 친환경적: 环保的
- 경제적: 经济的

阅读　关于计量制的报道

韩国经济发展最快速的时期是上世纪70年代和80年代。那时候发达的产业和人口的剧增，废弃物开始大量排放。为了缓解这一问题，从1995年1月1日开始引进垃圾计量制。以下是有关实行这一制度的20年间取得的成果和依然存在的问题。

计量制20年⋯⋯生活废弃物减少16%。

1995年1月实行的垃圾计量制是划时代的政策，可以说是建国以后环境政策中取得的最大成就。在这之前，垃圾的手续费体系是以财产税或建筑面积等为基础，征收一定的金额，后来转换成与排放量成比例的计量制。生活垃圾装在购买的计量垃圾袋里再丢弃，纸或瓶子、塑料等可回收垃圾分类投放后可以免费回收。废家具和废家用电器等大型废弃物需要购买标签并粘上再丢弃。

计量制实行之前，1994年每天的生活垃圾排放量是58118吨，实行之后的第一年，一天的垃圾排放量锐减到47774吨。据最近的统计，2013年一天的生活废弃物排放量为48728吨。与实行之前相比减少了16.2%。

对排放的生活垃圾会进行焚烧、填埋和再回收，但是填埋的比重剧

实行计量收费制
20年生活垃圾发生量　　　单位: t /天

58,118
52,072
50,737
48,728
44,583

1994年　　1998　　2003　　2008　　2013
实行计量收费制

每天人均排放量　　　单位: kg

1.33　　0.98　　0.99　　0.97　　0.94
1994年　2000　　2005　　2010　　2013

〈资料，环境部，韩国环境工业园区〉

减, 可回收的比重惊人的增加, 焚烧的比重也有所增加。

即使这样, 我们能评价韩国的垃圾计量制是成功的吗? 以2013年为基准, 生活废弃物一天的产生量比制度实行的第一年增加了954吨, 考虑到增加的人口数量, 虽然每人每天的垃圾产生量是0.13千克, 但是考虑到制度实行第一年的排放量比之前减少的幅度, 现在的排放量和之前相差无几。那问题又是什么呢?

以2010年为基准, 生活废弃物的填埋率和先进国相比还有很大一段差距。荷兰是0.40%, 德国是0.42%。瑞典是0.97%, 比利时是1.59%, 瑞士是0%%, 而韩国是17.9%。正因如此, 政府将焦点放在了减少填埋率和增加可回收率方面。因为现存的填埋地已经达到了饱和状态。首先, 为了提高可回收率, 正在改变可回收许可方式。在对垃圾进行可回收方面, 之前只允许回收特定的垃圾, 而现在除了对环境和健康有害的东西, 其他全部允许进行可回收。为了促进零填埋化, 制定了相关法律, 让可转换为资源和能量的废弃物的填埋率降低至零。

<联合新闻2015年7月7日报道>

新词汇和表达

- (문제)를 해소하다: 解决 (问题)
- (제도)가 도입되다: 引进 (制度)
- (제도)가 실행되다: 实施 (制度)
- 획기적: 划时代的, 重要的
- 수수료: 手续费
- 토대: 基础
- 비례하다: 【动】成比例
- 전환하다: 【动】转换

- 부착하다: 【动】粘贴, 附着
- 직전: 之前
- 폭: 幅度
- 정체: 停滞
- 선진국: 发达国家
- 한참: 【副】一阵子, 好一会儿
- 미치다: 【动】够, 及, 到
- 초점을 맞추다: 聚焦, 针对

- 포화상태에 이르다: 达到饱和状态
- 허용: 容许
- 건강에 해롭다: 对健康有害
- 제정하다: 【动】制定
- 회수하다: 【动】回收
- 추진하다: 【动】促进

活动 进行垃圾分类回收

　　各位，知道垃圾的种类和排放方法吗? 请将以下列举的可回收垃圾填进空格里。

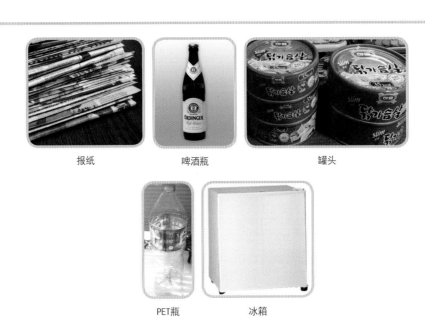

报纸　　　　　　　　啤酒瓶　　　　　　　　罐头

PET瓶　　　　冰箱

我是一名在韩国独自生活的中国留学生。在一个人生活期间，渐渐了解了韩国的垃圾分类回收方法。今天给大家介绍几种日常垃圾的丢弃方式。首先装食用油的塑料瓶和_____等垃圾在丢弃之前，应该先清除瓶子里的东西，然后再作为塑料垃圾丢弃。在处理书籍和_____等可回收的纸类垃圾时，应该保持纸的干燥状态，并整整齐齐地捆起来丢弃就行。牛奶盒和纸杯应该先将其压缩或展开并晾干后进行丢弃。想丢弃洗衣机、_____等家用电器和家具的话，应该先购买大型废弃物处理标签，并将其粘在上面，然后再丢弃。如果没有贴标签的话，会受到处罚，所以请记住这一点。最后，饮料瓶和_____等瓶子类垃圾应该先去掉盖子，再清除瓶子里的东西，然后作为玻璃瓶垃圾丢弃。刚开始进行分类回收可能会比较困难，但是多做几次就能形成习惯，就不会那么困难了。现在各位请和我一起进行垃圾分类回收吧。

1. 可再次利用的计量垃圾袋

2010年10月1日开始，禁止使用一次性塑料袋，并在大型超市里广泛使用可再次利用的计量垃圾袋。在超市里面可以用计量垃圾袋装东西，在家里面在丢垃圾时也可以使用计量垃圾袋。最近中型超市或小型超市也都在广泛使用计量

购买时装东西　　买回家装垃圾

垃圾袋。这个政策是通过征集国民的建议而推广开来的，既可以节约买垃圾袋的钱，也能保护环境，深受国民的欢迎。

2. 减少一次性用品

分解木筷子需要20年
分解玻璃瓶需要100万年以上
各位知道吗?

在环保意识的影响下，国民们自发地减少使用一次性用品。韩国的大部分餐厅里使用的筷子和勺子也都不是一次性的(〈图1〉)。使用的是经过消毒的碗筷，既卫生又能节约资源。

〈图1〉

〈图2〉

此外，随着人们的环境保护意识的提高，咖啡厅也正在积极的展开绿色营销。韩国的连锁咖啡厅为了减少使用一次性杯子，对使用保温杯的消费者减免咖啡的价格，最低优惠100元，最高优惠咖啡价格的10%。

11 遵守公共道德

- 了解在韩国必须遵守的公共道德有哪些
- 了解和韩国人一起生活时需要知道的礼仪

[给孝丽打电话]

敏浩: 孝丽, 到哪儿啦? 我们现在在三号地铁出口前面等你。

陈伟: 孝丽姐姐今天也迟到了吗? 反正她也经常不遵守约定的时间, 在等她的这段时间, 我先抽一根烟。

敏浩: 陈伟, 不能在这里抽烟, 这里是禁烟区域。

陈伟: 是吗? 差点就犯错了。但是在地铁站附近不能抽烟吗?

敏浩: 为了防止二手烟的危害, 在地铁入口和公交车站十米以内是不能抽烟的。如果违反规定, 会处罚10万元的罚金。

陈伟: 那么在哪里才可以抽烟呢?

明浩: 这附近有指定的吸烟区域, 啊! 在这里。

陈伟: 我去去就回。谢谢你告诉我, 哥哥。

敏浩: 不要忘了走路也不能抽烟。

陈伟: 好的, 我会注意的。

孝丽: 陈伟, 听说你今天差点犯了错?

陈伟: 哼, 这全是因为姐姐。以后请好好遵守约定时间。

敏浩: 朋友们, 不要在公共场所吵架。在别人看来很丢脸。

孝丽: 对了, 我上次说的那个歌手, 出新MV了, 要一起看吗?

[孝丽和陈伟用手机看MV]

敏浩: 朋友们, 在地铁里听音乐的时候应该带着耳机呀。

陈伟: 是吗? 那么姐姐也得交10万元的罚金吗?

孝丽: 妈呀, 我应该怎么办? 放过我一次吧, 我再也不这样了。

敏浩: 不要担心。那只是一种礼貌的行为。没有严重到需要交罚金的程度。

孝丽: 真的吗? 啊, 太好了。陈伟你居然戏弄我。

陈伟: 诶, 在公共场所请遵守公共道德。这是一个成熟市民应该做到的最基本的事呀。

敏浩: 什么? 真是被你给打败了。

新词汇和表达

- 하여튼:【副】总之
- 금연구역: 禁烟区域
- 간접흡연: 间接吸烟, 二手烟
- 피해를 방지하다: 防止受害
- 과태료를 물다: 缴纳罚款
- 지정된 흡연구역: 指定吸烟区域
- 사고를 치다: 闯祸, 制造麻烦

- 남 보기에 부끄럽다: 在别人看来觉得丢脸
- 참:【副】对了! (突然想到某件事时)
- 이어폰: 耳机
- 벌금: 罚款
- 한 번만 봐주세요: 请放过我一次吧

- 에티켓(étiquette): 礼节
- 공공장소: 公共场所
- 성숙한 시민의 기본: 成熟市民 (应该做到) 的基本
- 너한테는 못 당하겠다: 被你打败了

每个国家为了公众的福利都有需要遵守的生活规则。如果没有遵守的话会受到警告，严重的话会依法进行处罚。在韩国，那样的生活规则称之为"公共道德"。韩国社会对于个人自由的重视程度，不亚于公共体的福利，所以对每个人的公共道德要求比较高。

在很多人一起使用的政府机关、展览馆、剧场、公园、澡堂、大众交通设施里，都有大家必须要遵守的规则。如果因为不知道而犯错的话，那别无他法；如果是故意不遵守公共道德的话，就会受到身边的人严厉斥责，或者警察会给予"轻罪"的处分。例如在街上丢弃烟头或口香糖，或者随意吐痰，被举报的话会被处以3万韩元以上的罚金。同时，如果由于太急而还在路上小便的话，会受到5万韩元以上的罚金。如果在住宅区过分的喧闹而被邻居举报的话，会处以5万韩元以上的罚金。夏天如果因为太热而随意脱掉上衣并给他人造成不快的话，会处以5万韩元以上的罚金。

轻罪虽然没有分类，但是也有在公共场所应该遵守的礼仪。不给别人添麻烦，让所有人都能感到幸福的事，叫做礼貌。例如和朋友在地铁里小声说话，或者在听音乐时使用耳机都是礼貌的行为。或者给老弱者和孕妇让座都是应该的，在餐厅里不喧哗或浪费食物都是很优秀的习惯。不插队，静静地等着自己的顺序也是如此。关心他人，熟记礼貌的行为，能从身边的人那里获得好感。

新词汇和表达

- 공중의 복리: 公众的福利
- 규칙: 规则
- 경고: 警告
- 처벌: 处罚
- 고의: 故意
- 질책: 斥责

- 경범죄: 轻罪
- 처분을 받다: 受到处分
- 벌금형: 罚金刑
  - ～을 받다: 接受～
  - ～에 처해지다: 受到，被判～
- 노상방뇨: 路上小便

- 웃통: 上衣(具有否定意义)
- 폐를 끼치다: 给别人添麻烦
- 새치기: 插队
- 차분하다: 【形】沉着冷静

1. 是否认为在社会生活中礼貌很重要?

   +3 是的　　　　　　　　　　　+2 一般　　　　　　　　　　　　0 不是

2. 是否对平时自己的服装和体味很在意?

   +3 是的　　　　　　　　　　　+2 一般　　　　　　　　　　　　0 不是

3. 是否在坐地铁或公交车的时候，环顾四周查看是否有老弱者?

   +3 是的　　　　　　　　　　　+2 一般　　　　　　　　　　　　0 不是

4. 是否在吃饭的时候发出声音或大声说话?

   +3 是的　　　　　　　　　　　+2 一般　　　　　　　　　　　　0 不是

5. 是否会对在便利店帮助自己的职员说谢谢?

   +3 是的　　　　　　　　　　　+2 一般　　　　　　　　　　　　0 不是

6. 是否在打电话的时候因为声音太大而受到过别人的指责?

   +3 是的　　　　　　　　　　　+2 一般　　　　　　　　　　　　0 不是

7. 是否会将产生的垃圾先放在自己的包里或口袋里，以便日后再处理?

   +3 是的　　　　　　　　　　　+2 一般　　　　　　　　　　　　0 不是

8. 是否在使用卫生间后，查看是否处理干净?

   +3 是的　　　　　　　　　　　+2 一般　　　　　　　　　　　　0 不是

9. 是否在打喷嚏时捂住嘴?

   +3 是的　　　　　　　　　　　+2 一般　　　　　　　　　　　　0 不是

10. 是否在下电梯时关照女性和老弱者?

    +3 是的　　　　　　　　　　　+2 一般　　　　　　　　　　　　0 不是

- 25分以上：有礼貌的人
- 20分：比较有礼貌或需要继续努力
- 20分以下：需要多学习和继续努力

想一想多样的禁止警示牌，与下列的例子连起来。

1. 禁止扔垃圾

2. 不要闯入正在关门的电梯里

3. 禁止使用手机

4. 禁止吃东西

5. 禁止进来

6. 禁止喝酒

7. 请勿触摸

8. 禁止使用闪光灯

9. 禁止宠物狗出入

10. 请勿倚靠

12 听说韩国的医疗费很贵？

学习目标

- 了解大学医疗机构的使用方法
- 了解韩国的医疗设施

[早上下课后, 咳嗽严重和发烧的孝丽来到了保健室]

保健室医生: 发烧很严重, 吃点退烧药。吃了药后可能会有点困, 下午如果没课的话, 在保健室的床上静养一下再回去吧。

孝丽: 谢谢, 但是保健室也有床吗?

保健室医生: 不止有床, 也有应急药和血压测定器。并且可以进行健康咨询, 在举行各种活动的时候也会支援医疗用品。

[几天后, 学校附近的咖啡店]

敏浩: 孝丽, 身体怎么样了?去医院看了吗?

孝丽: 听说韩国的医疗费很贵, 所以我去了学校保健室。

敏浩: 不是的。和其他国家相比, 韩国的医疗费不算很贵。并且外国人也可以使用国民健康保险。

孝丽: 国民健康保险?就像旅游保险那样吗?

敏浩: 和那个有点相似, 但也有点不同。而且并不是所有外国人都可以加入的, 如果是学生的话, 需要提供在学证明才能加入。

孝丽: 加入的话就可以免医疗费吗?

您浩: 不是免费的, 但是一般治疗和急诊室的费用就会很便宜。如果在韩国居住六个月以上的话, 就一定要加入。

敏浩: 陈伟, 你脸色看起来不太好, 出什么事了吗?

陈伟: 最近特别想念家乡, 所以心情不太好。

孝丽: 一般这个时候都叫做"忧郁"。我去年也很忧郁。

敏浩: 原来陈伟得了乡愁病。

陈伟: 什么?香水瓶?我没有喷香水呀! (香水瓶和乡愁病的韩文发音相同)

孝丽: 乡愁病是在家乡以外的地方生活了很长一段时间, 才能感觉到的一种忧郁的症状。

陈伟: 哇! 前辈, 你就像一名医生。

孝丽: 其实我之前也因为乡愁病而去学校的咨询室咨询过，所以才这么了解。

敏浩: 与医务室旁边的学生生活咨询中心看看。接受一下咨询会好一点。

陈伟: 学校里面的机构真多。明天课程结束后我会去看看的。

新词汇和表达

- 의료비: 医疗费
- 의료 기관: 医疗机构
- 보건실: 保健室
- 해열제: 解热剂，退烧药
- 안정을 취하다: 休息，静养

- 응급약: 急救药
- 혈압측정기: 血压测定器
- 건강 상담: 健康咨询
- 의료용품: 医疗用品
- 국민건강보험: 国民健康保险

- 재학증명서: 在学证明
- 우울하다: 【形】抑郁
- 향수병: 思乡病，乡愁
- 상담을 받다: 接受咨询

你好, 我是陈伟。几天前由于感冒身体很不舒服。但是由于不知道药店、学校保健室等医疗设施的利用方法, 所以很辛苦。所以为了不让你们那么辛苦, 我想给你们介绍韩国的医疗设施的使用方法。

外国人在韩国的医院看病没有那么困难。首先, 韩国以等级和目的为依据, 将医疗机构大致分为高级综合医院、综合医院、医院、诊所。你认为很复杂吗?不知道该去哪个医院的时候, 打电话至119, 就能知道应急处置方法、疾病咨询、附近的医院。但是如果经常打这个电话的话, 真正需要的人可能会打不通这个电话, 所以最好提前上网查找或询问身边的韩国朋友。

找到合适的医院诊断治疗结束的话, 拿着处方单提交给医院外的药店, 就能买到药。在韩国, 看病在医院里, 买药在药房里, 需要区分开。但是处方单有有效期, 所以不能反复使用。

开许多药是需要处方单的, 例如抗生素和荷尔蒙剂等专门药品必须需要处方单。相反, 消化药、解热镇痛剂、营养剂、维生素等一般药品没有处方单也可以购买。并且请记住解热镇痛剂, 感冒药、消化药, 膏药等常备药在附近的便利店里也可以购买。

最后, 药房通过"全年无休药房"的制度, 在周末也有营业的药房。全年无休药房可以在网上(http://www.pharm114.or.kr)确认。

关于学校保健室，我们在前面也有说过。第一次去学生咨询中心的时候，可能会有点担心，但是咨询中心的老师非常亲切，能够得到很多帮助。你们如果患上抑郁症或乡愁病的话，就去看看吧。

新词汇和表达

- 의료시설: 医疗设施
- 상급종합병원: 上级综合医院
- 종합병원: 综合医院
- 병원: 医院
- 의원: 诊所
- 응급처치: 应急处置, 急救
- 질병: 疾病
- 처방전: 处方
- 유효기간: 有效期
- 반복: 反复
- 항생제: 抗生素
- 호르몬제: 荷尔蒙剂, 激素
- 전문의약품: 专门医药品, 处方药
- 일반의약품: 普通医药品, 非处方药
- 상비의약품: 常备药品
- 휴일지킴이약국: 周末无休药店

	• 不是:不是 • 有一点:1分 • 严重:2分 • 很严重:3分		
1. 心情不好	①	②	③
2. 对未来感到悲观	①	②	③
3. 认为过去的事做得很失败	①	②	③
4. 对日常生活感到不满意	①	②	③
5. 有负罪感	①	②	③
6. 认为自己在接受惩罚	①	②	③
7. 对自己感到失望	①	②	③
8. 做错事总认为是自己的责任	①	②	③
9. 想自杀	①	②	③
10. 无故地想哭	①	②	③
11. 感到焦躁不耐烦	①	②	③
12. 对别人失去兴趣	①	②	③
13. 对任何事都做不了决定	①	②	③
14. 认为自己比以前丑	①	②	③
15. 做任何事都感到很累	①	②	③
16. 失眠	①	②	③
17. 容易累	①	②	③
18. 没胃口	①	②	③
19. 体重减轻	①	②	③
20. 担心身体出现异常	①	②	③

• 0～9分:没有抑郁症 • 10～15分:轻微抑郁 • 16～23分:中度抑郁 • 24～63分:严重抑郁

　　将所得分数加起来,16分以上的话,需要注意是否患上抑郁症,但是用这个分数来判断有一定的局限性,如果得分很高的话,最好去找专家咨询一下。

外国人的健康保险加入条件

〈入职人员〉

适用健康保险的营业场所工作者、公务员或教职工，符合以下任意一条的海外公民或外国人可以成为适用于《国民健康保险法》的入职人员。

· 依据《居民登陆法》进行登陆的人
· 依据《有关在外同胞的出入境和法律地位的法律》已经申报国内住所的人
· 依据《出入境管理法》进行外国人登录的人

〈地区加入人员〉

满足以下条件并在工团申请取得地区加入人员资格的海外公民或外国人，可以成为适用于《国民健康保险法》的地区加入人员。

· 成为入职人员的海外公民或本国公民
· 在国内居住三个月以上，或由于留学等原因，明确在韩国居住三个月以上
· 符合以下任意一个条件
　－ 依据《居民登陆法》进行登陆，或依据《有关在外同胞的出入境和法律地位的法律》已经申报国内住所的人
　－ 依据《出入境管理法》进行外国人登陆的人，并依据《国民健康保险法试行规则》获得滞留资格的人

《出处: 国民保险管理工团2016年 标准》

13

女生就应该撒娇吗

学习目标

· 思考韩国人的性别文化
· 理解关于韩语的女性词汇和男性词汇

[同校的学生秀智遇到了敏浩]

秀智：敏浩哥哥, 在这里干什么呢? 为什么最近都不联系了啊? 我生气了, 哥哥。下次你得请我吃好吃的才行。知道了吗? 拜拜。

[秀智离开后, 孝丽和陈伟来了]

孝丽：敏浩前辈, 你好像很受女生欢迎啊?

敏浩：不要误会, 秀智只是性格上比较爱撒娇而已。

孝丽：不可能会对不喜欢的人那样和气地说话。

陈伟：但是, 撒娇是什么意思?

敏浩：撒娇就是给别人展示自己可爱的一面, 主要是女生使用的一种表达。向男生撒娇的话可能会不礼貌, 应该小心一点。

孝丽：为什么只有女生才会撒娇?这难道不是偏见吗?

陈伟：姐姐, 你以后也撒娇吧。那样的话肯定会很受欢迎。

孝丽：我也会撒娇的。哎呀～陈伟～请我喝一杯咖啡吧。

陈伟：哎呀, 被姐姐打败了。

敏浩: 孝丽, 你的理想型是什么?

孝丽: 我喜欢温柔贴心的人, 如果是比我大三四岁的韩国哥哥就好了。

陈伟: 最近因为韩国电视剧, 韩国哥哥的形象在中国也非常有人气。

孝丽: 韩国哥哥总是穿得很端正, 并且女生有困难的话都会亲切地给予帮助, 不是吗?

敏浩: 如果认为韩国的男生都是那样的话, 那就有偏见了。但是确实韩国社会都期待男生能够担当哥哥的角色。

陈伟: 那是哥哥的角色吗? 难道不是一种义务吗?

敏浩: 差不多。男生要好好保护柔弱的女生, 就像社会的约定一样。

孝丽: 韩国文化里义务真多。女生就必须有女生的样子, 男生就一定要有男生的样子, 必须要这样吗?

新词汇和表达

- 애교: 撒娇
  - ～가 많다: 爱撒娇
  - ～를 부리다: 撒娇
- 삐지다:【动】生气, 耍小脾气
- 인기가 대단하다: 人气很高
- 오해: 误会

- 성격상: 性格上
- 상냥하다:【形】和气
- 실례가 될 수 있다: 可能会失礼
- 편견: 偏见
- 이미지(image): 形象
- 이상형: 理想型

- 자상하다:【形】细心周到
- 따뜻하다:【形】热情, 温暖
- 선입견: 先入为主的成见
- 【动·形】은/는 건 사실이다: ～事情是事实
- 【名】다워야 하다: 必须有～的样子

　　中国《礼记》有这样一句话:男女七岁不同席。就是说男女到了七岁就不能坐在同一张桌子前。韩国的国家理念是儒教,韩国人从很久以前就非常重视男女的区别。不仅仅是社会性的角色,连生活和语言习惯等方面,男女的文化也不同。

　　传统上,韩国要求男生坚韧不拔,所以在自己遇到困难的情况下要克制感情的表达,这被视为一种美德。比如韩国的母亲教育孩子不管多么难过和疼痛都不能哭。父亲会吓唬孩子如果话说太多就不像男人。并且教育孩子过度的表达自己的感情,就不是男子汉的行为。在经过只有男生的初、高中生活后,就去服两年的兵役。在兵役结束后,大部分的男生会变得沉默寡言,并且克制语言习惯也会变得内在化。

相反, 对女生则要求温柔。传统上认为的理想型女生是顺从的女性, 所以女性依靠男性的这种性格就会变得内在化。用可爱的声音说话, 或者通过柔弱生疏幼稚的行动, 能够刺激男性的保护欲。像这样的撒娇文化来源于这种依靠男性的文化。从1990年后半期开始, 韩国大众文化界将撒娇文化进行商业化, 并将其发展为韩国的偶像文化。《少女时代》、《wonder girls》、《IU》等以特有的撒娇的歌曲和编舞成为了国际明星。

由于中国男性语言和女性语言几乎没有差异, 所以刚开始学习韩语的人可能会不理解这种差异, 但是韩语中不同的性别语言差异非常显著。一边思考这种差异, 一边学习韩国的文化是一件非常有趣的事情。

新词汇和表达

- 머물다: 【动】停留, 逗留
- 구별: 区别, 区分
- 유교: 儒教
- 이념: 理念
- 강인성: 韧性
- 절제: 节制
- 미덕: 美德
- 고추가 떨어지다: 去势, 不像男人

- 겁을 주다: 吓人
- 과도하다: 【形】过度
- 군 복무: 服役
- 과묵하다: 【形】沉默寡言
- 내면화하다: 【动】内在化
- 유순하다: 【形】温柔, 温顺
- 순종: 顺从
- 의존적: 依存的

- 혀 짧은 소리: 可爱的声音
- 유아적 행동: 幼稚的行为
- 보호심을 자극하다: 引起保护欲
- 대중문화계: 大众文化界
- 상업화하다: 【动】商业化
- 아이돌 문화: 偶像文化
- 안무: 编舞
- 두드러지다: 【形】显著, 明显

韩语中有很多区分男性和女性的俗语, 阅读下面的俗语, 思考其意思并和旁边的解析连在一起。

<关于性别的俗语>

1. 母鸡叫家衰败　　○　　○ 女性如果心肠坏或怀有怨恨的话，会变的非常可怕和恶毒。

2. 三个女人一台戏　　○　　○ 家庭里女性干涉或叫嚷丈夫的话，就处理不好家务事。

3. 女人含恨，六月飞霜　　○　　○ 女生打扮的很漂亮，才能遇到男生。

4. 花香蝶自来　　○　　○ 　女性的命运依附于丈夫。

5. 女怕嫁错郎　　○　　○ 很多女性聚集在一起的话就会很吵闹

<关于男性的俗语>

1. 男人是天女人是地　　○　　○ 儿媳和女婿不同，不能冷落女婿。

2. 男人应该拥有宽广的心胸，女人应该拥有善良的内心。　○　　○ 男人总是进出厨房的话就不像男人

3. 男人用瓢喝水会不长胡须　　○　　○ 很多男性聚集在一起的话就能完成所有事。

4. 女婿是百年的手臂，儿媳是终身的家人　○　　○ 丈夫在外挣钱回家，妻子在家存钱。

5. 丈夫是吊桶，妻子是缸　　○　　○ 男性应该宽容，女性的内心应该善良。

阅读韩国的现代诗。阅读下面的诗,并思考其语调。其中关于性别有什么样的文化特征?这首诗中话者的性别是什么?诗人的性别又是什么?

〈渡船和行人〉 (1926)

我是一只渡船
你是一名行人

你沾满泥泞的双脚,搭乘了我身渡船
我载着你渡河
无论水深还是浪急,我热心地载你渡河

假如你不莅临,我直等到深夜,任风吹雨打
你渡过了河,只匆匆赶路,未曾回眸望过我
可我知道总有一天你会来
即使我的青春在等待中凋零,我永世无怨无悔

我是一只渡船
你是一名行人

14 有眼力见儿才能成功

- 理解韩国人的眼力见儿和面子文化
- 体验眼力见儿和面子礼节

[教室里, 教授进来了, 上课开始前]

教授: 早上好! 我们先点名, 然后开始上课。等等, 我的圆珠笔去哪了?

孝丽: 教授, 您的圆珠笔不见了吗? 那你用我的吧, 以后再还给我。

教授: 啊, 谢谢。这位学生, 你很有眼力见儿呀。你叫什么名字?

孝丽: 我叫孝丽, 我来自中国。

教授: 我想起来了。你上周提交的报告很有意思, 以后我会记住你的名字的。好了, 现在开始点名, 大家请保持安静。

[陈伟询问坐在旁边的敏浩]

陈伟: 哥, 你看到了吗? 每个教授都称赞孝丽姐呢。

敏浩: 孝丽学习认真, 还长得这么漂亮。最重要的是还很有眼力见儿。

陈伟: 真羡慕呀。现在还没有一名教授能够记住我的名字呢。

教授: 那后面的男同学, 没看见我们正在点名吗? 为什么这么没有眼力见?你叫什么名字?

陈伟: 我叫陈伟

教授: 真是没有眼力见的学生。以后注意点。

[教室的学生全都笑了]

[孝丽、陈伟、敏浩在一起吃饭]

孝丽: 陈伟, 为什么这么无精打采的? 吃着饭呢, 笑一下。

陈伟: 刚才不是被教授骂了吗? 我伤心死了。

敏浩: 陈伟上课的时候在许多人面前丢了人。

孝丽: 丢人?那是什么意思

敏浩: 丢人就是字面上的意思, 在许多人面前做了很羞愧的事, 很无地自容的意思。

孝丽: 啊! 中国也有类似的表达。做了非常羞愧的事的时候, 我们称为"丢脸"。

敏浩: 韩语中也有相似的词语, 叫做面子。面子就是面对他人时, 我的身体行为和面子会怎样的意思。也说"出糗"或"丢面子"。

陈伟: 原来我今天既丢脸又出丑了。我真是活不下去了。

敏浩·孝丽: 你说什么? 哈哈哈……

新词汇和表达

● 눈치: 眼力见儿
  ~가 있다/없다: 有/没有眼力见儿
  ~가 빠르다: 眼力见儿快
● 센스(sense): 眼色
  ~가 있다/없다: 有/没有眼色
● 보고서: 报告
● 흥미롭다:【形】有意思, 有趣

● 부러워 죽겠다: 羡慕死了
● 자네: 你(下待法)
● 체면: 面子
  ~을 구기다: 出丑
  ~이 깎였다: 丢了面子
● 풀이 죽다: 沮丧, 无精打采
● 얼굴을 펴다: 展开笑脸

● 속상해 죽겠다: 伤心死了
● 망신을 당하다: 丢脸, 丢人
● 몸 둘 바를 모르다: 无地自容
● 창피하다:【形】丢人
● 유사하다:【形】类似, 好像

很多韩语学习者认为韩语中最有魅力的一部分就是敬语体系。当然，所有的语言都有各自的敬语体系，那是像韩语这样高度发达的情况，并不是很常见。从很久之前开始，韩国人说话就非常有礼貌，并且行为也很恭敬。所以邻国的人们说韩国是东方礼仪之国。

但是很多留学生说很难适应韩语的尊卑语体系。比如"밥 먹었어요?(你吃饭了吗?)"是最一般的敬语表达，但是不适合对教授和老师说。对教授和老师应该说"식사하셨어요?(您吃饭了吗?)"。如果是年纪非常大的长辈的话，应该说"진지 드셨어요?(您吃饭了吗?)"。但是如果对学校前辈或公司上司、教授说"진지 드셨어요?(您吃饭了吗?)"，就会被嘲笑的。为什么会这样呢？是因为说话的人，没有正确使用与听者年龄或级别等社会文化次序相符的敬语表达。

一方面，中文和韩语不同，韩语有"相对卑称法"。韩国就算是第一次见面的人，听者认为对方在地位上比自己低的话，就不会对对方用敬语。比如说在便利店里面买东西的时候，经常能听见中年老板用非敬语回答"现在没有那个东西"。

有文化学者批判韩语的尊卑语体系是造成权威主义文化的原因。因为语言里内在次序体系会妨碍交流行为的平等。这样的话，可以说韩语的尊卑语体系反应了韩国人的次序文化。

最高的外语熟练阶段只有通过完全理解目标语文化才能达成。在记住正确的敬语使用法则的时候，就距离完全征服韩语的梦想越来越近。

新词汇和表达

- 경어 체계: 敬语体系
- 고도로 발달하다: 高度发达
- 예의를 갖추다: 讲礼仪
- 공손하다:【形】恭顺，谦恭
- 동방예의지국: 东方礼仪之国
- 존비어체계: 尊卑语体系
- 내재하다:【动】内在
- 서열: 序列
- 상대낮춤법: 相对卑称法（以下称语称呼他人）
- 숙달 단계: 熟练阶段
- 목표어: 目标语
- 정복: 征服

眼力见儿和面子是长辈和后辈为了生活而相互调节的一种人际关系技术。思考和以下相关的情况，并想想应该怎样回答才好。

I. 眼力见儿：猜测以下情景下别人的想法而表现出来的态度。
　　　　　　主要要求后辈。

情景

1. 在公交车或地铁上，年纪很大的老人提着很重的行李站着。

2. 打工时间结束了，但是仍然有很多事情需要做，其他员工也还没有下班。

3. 不顾别人不断地请求，不给对方明确的答复，一直在说别的话。

II. 面子：用正当的方式或态度对待别人。主要是长辈需要的品德。

情景

1. 收到重要活动的邀请，应该怎样准备再去呢？

2. 在开会时别人提出了反对的意见

3. 发现刚从厕所里出来的教授裤子的拉链是打开的，应该怎样告诉教授呢？

留学生讲述的有趣的韩国眼力见儿和面子文化。

1. 我有一位很漂亮的韩国女朋友，她穿衣服很端正，化妆也很好看。有一天女朋友问我"我最近是不是长胖了？"，我仔细看了看，最近好像缺乏运动，有一点点长胖了。所以我回答"是的，腰上好像胖了点"。但是她突然很生气地回家了。从那以后，我从未对韩国女生说她好像长胖了。

〈美国留学生大卫〉

2. 有一次和朋友们去吃披萨，虽然很贵，但是味道很不错，所以我吃了很多。在还剩下最后一块的时候，韩国朋友中谁也不吃，所以我就把那一块吃了。后来是我的好朋友告诉我的，在韩国吃东西只剩下最后一块儿的时候，最少应该谦让两次，才会显得有教养。

〈柬埔寨留学生波〉

3. 我如果说我来自巴黎的话，就会有朋友问我拥有几件名牌货。我一件名牌货都没有。名牌货太贵了，所以我不太喜欢。但是我身边有浪费钱买很奢侈的名牌货的韩国朋友，如果询问他们为什么购买名牌货，他们会说用名牌的话，在别人面前很有面子。但是我不能理解为什么因为别人的看法而花很多钱呢？

〈法国留学生约翰〉

4. 在我打工的公司里，没有一个人在下班时间停止工作。大家都多工作一两个小时再走。特别是如果部长很晚了还留在公司里的话，就没有一个人会提前离开。大家都在上网或者玩游戏等部长下班。我不能理解为什么一定要那样看领导的眼色。

〈中国留学生莹园〉

15 听说在韩国前后辈关系很重要

- 理解韩国的 "缘故" 主义文化
- 思考韩国人在人际关系中最重视的东西是什么?

陈伟：今天我打工的公司里来了一位新员工，部长非常高兴。后来才知道，原来新员工和部长是同乡，而且还是社长高中时的师弟。

敏浩：难怪。是同乡后辈的话，会更想给予特别的照顾的。

孝丽：韩国不像中国这么大，遇到同乡的话会这么高兴吗？

敏浩：当然了。有这么一句老话"血浓于水，手臂向里弯。"就是对有"缘故"关系的人更加有感情的意思。这种在人际关系中重视"缘故"关系的文化，叫做"缘故"主义。

陈伟：我听教授说过，韩国人很容易和有"缘故"关系的人亲近起来。

孝丽："缘故"主义和中国的"人际关系"有很多相同点。请再给我解释一下

敏浩：传统社会很重视以相同家族血脉结合的"血缘"。族谱文化的发达，亲属聚集在一起生活的同姓村散布在全国，这些都可以证明。

孝丽：韩国的家族主义在全国很有名，大部分电视剧也是关于家族的故事。

敏浩: 1960到1980年代，由于经济发展导致出现大规模离村去往城市的现象，离开家乡到他乡生活的人也在增多。所以强调出生地的"地缘"也变得重要起来。

孝丽: 在异乡生活的同乡人之间开始紧密团结在一起。

敏浩: 最近来自同一所学校的人之间的关系叫做"学缘"，这种"学缘"关系也变得重要起来，可以说是同门之间相互支持相互引导的一种集团主义文化。

陈伟: "缘故"主义文化也随着时代面貌的变化而变化。
有相同"缘故"的人相互交流感情，相互帮助着生活看起来也不错呢。

孝丽: 但是我认为也有很多缺点。有缘分的人"拉帮结派"并且只追求个人利益的话，不就出大事了吗？

敏浩: 对。"缘故"主义虽然也有长处，但是也有妨碍社会的公正性和合理性的缺点。

新词汇和表达

- 연고주의: 缘故主义，裙带主义
- 신입사원: 新社员
- 동향: 同乡
- 챙겨주다:【动】照顾
- 굽는다:【动】弯曲
- 정이 가다: 有了感情
- 핏줄: 家族血脉
- 맺어지다:【动】结合，连在一起

- 혈연: 血缘
- 족보: 族谱
- 친족: 亲属
- 집성촌: 集姓村，同姓村
- 퍼져있다:【动】散布
- 이촌향도: 离村向都
- 타향: 他乡
- 지연: 地缘

- 객지: 客地，异乡
- 똘똘 뭉치다:【动】紧密团结
- 학연: 学缘
- 동문: 同门
- 시대상: 时代面貌
- 공정성: 公正性
- 합리성: 合理性

　　各位听说过有关宗亲会、乡友会、同门会、同学会的事吗?这些都和韩国的"缘故"主义文化有关系。"缘故"主义是说明韩国人的人际关系中最基本的原理,所以请好好记住。

　　传统社会是家长制,所以"血缘"是最重要的人脉的根据。包括现在,韩国人遇到同姓的人,会询问对方是否是同籍,辈分和系派是什么,以确认对方是否是自己的远房亲戚。

　　但是从1960年开始,伴随着经济发展和城市化进行,小家庭得到深化,血缘的影响力逐渐下降。"地缘"代替血缘成为重要的"缘故"。在陌生的城市里,设立了很多以同乡之间相互帮助和生活为目的的乡友会。

　　"学缘"是以毕业学校为中心,形成的人际关系网。韩国人很重视传统的师生关系,所以学校不仅仅是学习的地方,也是缔结"学缘"的地方。最近学校为了成功,以打造"学历资本"的地方而闻名,为了创造更好的学缘,出现了偏向于名牌大学的现象。

应该怎么解释韩国文化的重要要素之一——"缘故"主义"呢？1945年解放以后，经历着急速的产业化，传统的价值也受到了动摇，社会信赖的标准逐渐变得困难。为了克服那样的文化混乱，人际关系中"缘故"主义要素得到了强化。由此，用符合新时代变化的家庭主义文化来解释"血缘"、"地缘"、"学缘"。

但是"缘故"主义正在变质为独占政治、经济主导权的帮派文化，也给社会造成了消极的影响。比起个人的能力，更重视背景或关系的人越来越多，"缘故"主义被批判为妨碍社会发展的原因。

新词汇和表达

- 종친회: 宗亲会
- 향우회: 乡友会
- 동창회: 同学会
- 가부장제 사회: 家父长制社会
- 인맥: 人脉
- 근거: 根据
- 동본: 同籍
- 항렬: 辈分
- 계파: 系派
- 경제발전기: 经济发展期
- 핵가족화 심화: 核心家庭深化
- 부각되다: 【动】凸显

- 설립되다: 【动】设立
- 형성되다: 【动】形成
- 인적 네트워크(network): 人际关系网
- 사제관계: 师生关系
- 학맥: 学脉
- 학력자본: 学历资本
- 인식되다: 【动】认识
- 명문대: 名牌大学
- 선호하다: 【动】偏好
- 요소: 要素
- 해방: 解放(摆脱日本帝国统治)
- 가치: 价值

- 신뢰: 信赖
- 기준: 标准
- 혼란: 混乱
- 극복: 克服
- 주도권: 主导权, 主动权
- 독점하다: 【动】独占
- 파벌문화: 帮派文化
- 배경: 背景
- 연줄: 关系, 路子
- 비판을 받다: 受批评

1 "缘故"主义和关系的优点和缺点是什么？

2 "缘故"主义和关系的相同点和不同点是什么？

3 下列的句子强调了什么样的"缘故"？

- 血浓于水，胳膊向里弯

- 物以类聚，人以群分

- 衣不如新，人不如故

- 我们是外人吗？

- 相互支持、相互引导

- 公司内部家人

- 另一个家庭

　　成功就业的留学生的信

林依婷(假名)在韩国的大学学习了六年，现在是韩国的教授。通过依婷的信，我们来了解一下韩国大学的文化和公司生活。

你好，我是林依婷。很荣幸能给大家介绍我的留学经历和职场生活。我原来性格不是很活泼，所以很难交到朋友，所以刚来韩国的时候，很担心留学生活应该怎样进行下去。但是在大学生活里，孤独的时间并不是很多，因为在学期刚开始时，通过定向指导认识了很多前辈和同期同学。

韩国的前辈很关心后辈，将后辈被视为兄弟姐妹，并经常关心是否有困难。一直询问后辈吃饭了吗？周末要干什么？学习难吗？考试准备得怎么样？其实刚开始邀请去喝酒的前辈太多了，所以有一点负担，也怀疑过他们是奇怪的人。但是很快就明白了他们是真心的。并且真的能和前辈成为亲密的好朋友。

在工作的时候，我明白了在韩国"学缘"是多么的重要。在和公司上司或同事老师们聊天的时候，经常谈论有关毕业学校的事。如果遇到同门的话，会高兴得流眼泪。关于韩国的"地缘"文化的误会之一，就是以为只有名牌大学的人才有"学缘"。毕业学校不一定必须是名牌大学。"学缘"只是有共同点的一种人际关系。

在韩国，有"学缘"关系的人之间会结成共同体命运。所以请牢记，自己的失误会给其他同门的名誉造成损害。所以"学缘"虽然有优点，有时候也会成为一种累赘。

希望我的经历能给准备到韩国留学的人带来帮助。

－写自韩国 林依婷－

16 毕业后打算做什么?

学习目标

- 了解毕业的条件
- 了解就业需要的东西

孝丽：陈伟，好久不见。学校生活怎么样？有没有好好听课呀？

陈伟：嗯……不知道能不能修完这个学期申请的学分。

孝丽：为什么？你学习这么用功，会有好结果的。就算申请的学分全部没有修完也不用担心。
下个学期重修，或者放假的时候上假期课程就能得到学分。

陈伟：原来如此。就算这样，这个学期也要努力修完所有的学分。对了，我想确认专业必修科目，应该怎么做呢？

孝丽：那个在学校主页的综合信息系统里确认。并且每个学校都不同，去教学处或外国人留学生支援中心都能确认。正好我想去教学处咨询关于毕业考试的事，你要一起去吗？

陈伟：好的。想要好好毕业的话，最好提前修满学分。

陈伟： 最近敏浩前辈好像很忙，完全见不到人。

孝丽： 马上就要毕业了，应该忙的四脚朝天吧。正如你所知，最近就业很困难。

陈伟： 想要好好就业的话，应该准备什么呢？

孝丽： 前辈说管理好学分拿奖学金，或者打工和实习、服务活动等多样的经历很重要。

陈伟： 啊，所以在韩国就业就像上天摘星星一样。因为学分需要花心思，还需要积累经验。但是从韩国哪里可以知道就业信息呢？

孝丽： 通过外国人学生联合会或就业博览会可以知道，但是在incruit、saramin、joukorea、等网站上也能找到。

新词汇和表达

- 졸업 요건: 毕业条件
- 학점: 学分
  - ～을 이수하다: 修学分
  - ～을 따다: 取得学分
  - ～을 관리하다: 管理学分
- 재수강: 重修
- 계절학기: 假期学期
- 종합정보시스템: 综合信息系统
- 교학처: 教学处

- 외국인유학생지원센터: 外国人留学生支援中心
- 미리 미리:【副】事前, 提前
- 통:【副】完全
- 코앞이다: 近在眼前
- 정신이 없다: 忙的四脚朝天
- 장학금을 받다: 取得奖学金
- 인턴십(internship): 实习
- 하늘의 별 따기: 上天摘星星 (指难得基本没有可能)

- 신경 쓰다: 费心, 劳神
- 경험: 经验
  - ～을 쌓다: 积累经验
- 정보: 信息
  - ～를 알다: 了解信息
  - ～를 구하다: 探寻信息
- 연합회: 联合会
- 박람회: 博览会

　　即将要毕业的学生比任何时候都要忙，因为想在好的公司工作的话，需要很多文凭管理。重要的就业文凭有学分、经历、资格证等。通过这里的学分能够说明专业的水平在哪个程度，经历能够说明你喜欢做的事，资格证书能够说明除专业以外自己能做的事是什么。

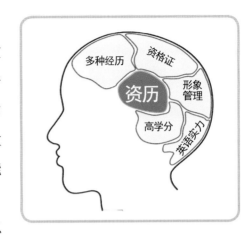

　　除了前面说的学分、经历、资格证书以外，还要求英语能力。一般通过TOEIC、OPIC等的分数判断。同时，形象也很重要。特别是在面试的时候，应该给端庄的印象。所以可以说高学分、多样的经历、取得的资格证书、形象特点是就业的条件。

　　所以外国学生应该努力修满学分，努力取得TOPIC等资格证书，并且积累实习或服务活动等多样的经历，才能在韩国就业。当然在就业之前，应该思考自己适合做的工作。并且随时核对自己能工作的公司的招聘信息，以免错过申请时间。

新词汇和表达

- spec(specification): 文凭
- 자격증: 资格证
- 수준: 水平
- 판단하다:【动】判断
- 면접을 보다: 参加面试

- 단정하다:【形】端庄，整齐
- 인상을 주다: 留下印象
- 취득: 取得
- 조건: 条件
- 적성에 맞다: 合适(性格等)

- 일자리: 工作
- 구인 정보: 招聘信息
- 수시로:【副】随时
- 체크하다:【动】核对
- 지원: 支援

就业需要的自我介绍信里应该写什么内容呢? 参考[例], 尝试写自我
介绍信。

[例]

必备内容	成长过程(学生时代)
	申请动机
	校外活动及经验
	性格的优缺点
	就职后的目标
其他内容	人生信条
	其他事项

〈自我介绍信〉

在写自我介绍信时，成长过程、申请动机、校外活动及经验、性格的优缺点、就职后的目标等内容是必备内容。更重要的是这些内容相互之间必须要有联系。所以需要记住关于自我介绍信的书写方法。

首先，成长过程不是介绍申请者的故乡或家人，而是展示现在的我是怎样成长的。因为成长过程只能和性格的优缺点连在一起写。性格的优缺点必须符合申请公司的口号精神，申请的领域必须和资质有关联。还需要写明通过怎样的努力会将性格的缺点转换成优点。

自我介绍信中最重要的内容是校外活动及经验、入职后的目标。那样的内容需要多费心思。校外活动及经验、入职后的目标与其用"我会努力的"等抽象性表达，不如写具体的内容。特别是经验部分与申请动机有关联，需要申请者展示到现在为止做了多少努力。通过具体的例子，展示自己是为了申请的公司而准备的人。

为了写一份优秀的自我介绍信，首先需要了解自己申请的公司及职别，并了解自己是否适合这份工作。然后用具体的文字来表达的话，就能得到好的结果。